基金投资
从入门到精通

合信岛◎编著

机械工业出版社
CHINA MACHINE PRESS

《基金投资从入门到精通》是一本为投资新手精心打造的基金投资实战指南。本书首先介绍了基金投资的基本知识，包括基金的类型、特点、运作方式和风险等。其次阐述了基金投资的策略和方法，包括如何选择适合自己的基金、如何进行资产配置、如何分析基金的业绩表现及如何控制投资风险等。本书还针对不同投资目标和风险偏好的投资者，提出了不同类型的基金产品和投资方案，帮助投资者在基金市场中快速入门，实现稳健的投资回报。无论是毫无经验的投资新手还是有一定投资经验的投资者，都能从本书中获得有益的参考和启示。

图书在版编目（CIP）数据

基金投资从入门到精通/合信岛编著 . —北京：机械工业出版社，2023. 12
ISBN 978-7-111-74728-4

Ⅰ . ①基… Ⅱ . ①合… Ⅲ . ①基金 – 投资 – 基本知识 Ⅳ . ①F830. 59

中国国家版本馆 CIP 数据核字（2023）第 256610 号

机械工业出版社（北京市百万庄大街 22 号　邮政编码 100037）
策划编辑：王　涛　　　　　　　　　　责任编辑：王　涛　陈　倩
责任校对：潘　蕊　贾立萍　陈立辉　　责任印制：张　博
北京联兴盛业印刷股份有限公司印刷
2024 年 1 月第 1 版第 1 次印刷
170mm×230mm · 16 印张 · 207 千字
标准书号：ISBN 978-7-111-74728-4
定价：69. 00 元

电话服务　　　　　　　　　　　网络服务
客服电话：010-88361066　　　　机　工　官　网：www. cmpbook. com
　　　　　010-88379833　　　　机　工　官　博：weibo. com/cmp1952
　　　　　010-68326294　　　　金　书　网：www. golden-book. com
封底无防伪标均为盗版　　　　机工教育服务网：www. cmpedu. com

编　委　会

主　编

苏彦祝

副主编

黄越岷

编委会成员

序言

改革开放 40 余年来，伴随着经济的发展和居民财富的积累，我国投资者的数量和资产规模越发庞大，资产配置的需求明显上升。我们可以感受到，我国经济正从房地产和基础设施拉动转向科技创新和需求主导，我国可能会经历一段长周期的经济转换期。在此阶段，随着利率的下行，传统的存款收益率可能还将延续回落的趋势。在此背景下，我们该如何妥善地配置资产？我想这本《基金投资从入门到精通》提供了部分答案。

这本书阐述了基金的基本知识、投资基金的技巧和规避风险的方式。投资者可以根据自己的投资风格和偏好，有所侧重地阅读和学习以下部分：

一、对于业余防守型投资者，重点阅读基金定投和指数型基金投资部分

投资学的鼻祖和大师格雷厄姆在《聪明的投资者》中将投资者分为"防守型"和"进取型"两类。他认为，多数业余投资者应该以防御的心态参与投资，将主要的目标定位在避免重大错误和重大亏损。并且，防御型投资者更为轻松自由，不占用日常工作和生活太多时间。

对于这类投资者，本书第六章"基金新势力"和第七章"从小白到基金定投达人"提供了重要参考。事实上，对于绝大多数防守型、非专业投资者来说，成本费率低的指数型基金是股票投资的优秀选择，通过定期投资指数型基金，业余投资人也可以达到甚至超过部分专业经理人的投资水平。本书也指出，投资者可以根据个人的投资偏好、风险规划选择较低风险的大盘类指数型基金或是风险较高的创业板、中小盘指数型基金，而对于具有一定主动选择能力的投资者而言，指数增强基金的表现可能更为突出。

二、对于进取型价值投资者，重点阅读构建基金组合部分

对于不满足于追求市场平均收益的主动管理型、进取型投资者来说，如果有时间和精力去研究和了解市场，本书也提供了重要的帮助。当然，进取型的投资者需要付出更多的精力学习和研究投资知识，形成自己的投资框架，并且拥有较好的风险防控意识，才能够获得更好的业绩。我认为进取型投资者有三种策略：低风险策略是选择价值型的基金经理，最终投资于一些蓝筹、高分红的大盘股；中风险的策略是选择一些自己较为了解、处在周期底部的行业类基金；高风险的策略是选择一些进取型、主动择时择股能力较强的基金经理，从而实现更高的风险收益。当然，每一种策略都要求投资者拥有不同类型的知识背景和性格特征，也需要保持持续学习、持续进步的心态。

我身边一些朋友的投资也是以中风险的进取型基金投资为主，他们会选择一些盈利能力较强、前景较好的行业型基金进行主要配置，也会长期持有一些信任的主动管理型基金经理的产品。这些基金经理普遍愿意挖掘管理层稳定经营、业务清晰易懂、业绩持续增长的公司，并且会考虑在合适的价格和周期位置进行买入和卖出操作。他们的投资之道不仅帮助我们获得资产的增值，也让我们不断学习新的知识、精进自己的研究。

三、对于保本型投资者，重点阅读常见基金类型的投资技巧和投资风险部分

保本型投资者往往追求具有确定性的收益，对于股票和股权类基金的风险承受能力较低，更倾向于选择货币型基金满足短期资金配置需要和债券型基金满足长期资金配置需要。本书也从市场风险、流动性风险等角度为这类投资者提供了新的知识，帮助投资者选择合适类型、预期收益率符合要求的基金产品。

创金合信基金的这本书旨在帮助个人投资者学习基金投资的基本知识，也为读者提供了一系列可操作的原则参考，本书的内容也可以在合信岛投资知识共享平台上进行学习。当创金合信基金邀请我为这本书题写序言时，我感到万分荣幸。我相信本书就像一位老师一样，能够为广大投资者带来意想不到的收获。

黄文涛

中信建投证券首席经济学家

前言

随着经济的发展和社会的进步，投资已经成为许多人实现理财目标的关键途径之一。在众多的投资选择中，基金脱颖而出，为投资者提供了一个灵活多样的工具，使他们能够在全球各种资产类别中分散风险，实现财务增值。然而，对于许多初入基金市场的投资新手来说，如何选择适合自己的基金、如何评估基金的风险和收益、如何掌握投资策略等问题，是他们面临的难题。为了帮助基金投资新手尽快成长为专业投资者，本书应运而生。

对于普通投资者来说，基金投资作为省心省力的投资方式是理财优选。股票、信托等投资方式在专业程度和资金门槛上要求较高，而投资一揽子股票、债券等的基金不仅投资金额门槛低，而且由专业的基金经理和投研团队进行管理，能够为普通投资者大大节省时间和精力。同时，基金投资可以分散投资风险，通过多元化的投资组合降低风险，提高收益。基金投资能够适应不同市场需求和投资者偏好，不同的基金类型和投资策略可以满足不同风险承受能力投资者的需求，从而更好地实现资产配置和投资目标。

本书全面介绍了基金投资的基础知识、技巧和方法，帮助读者掌握基金投资的精髓，实现理财目标。本书内容分为五部分：

● 第一部分，基金基础知识。这部分主要介绍基金的基本概念、分类、运作流程等基础知识，帮助读者了解基金的基本框架和特点。

● 第二部分，基金投资策略。这部分主要介绍选择基金考察的主要指标，购买基金的步骤，以及货币型、债券型、股票型和混合型等不同类型基金的投资技巧。同时介绍近年来比较热门的指数型基金、ETF 基金、MOM 基金、FOF 基金、REITs 基金和养老型基金的投资技巧，使读者能够掌握各种常见基金投资的策略和技巧。

●第三部分，基金作为配置工具的运用。这部分主要介绍基金组合的构建，为什么要构建基金组合、组合的分类、如何构建组合，以及基金组合的优化等内容。同时介绍基金定投的内容，包括选择什么产品定投、定投的时机和频率、定投如何止盈等，使读者能够在识别和投资基金的基础上，将基金作为投资工具熟练运用。

●第四部分，基金风险和绩效评估。这部分主要介绍如何评估基金的风险和收益，通过定量和定性分析，帮助读者了解基金的风险水平、盈利能力等信息。

●第五部分，基金百词斩。本书附录中列示了基金投资中常见的 100 个名词，帮助投资者理解基金投资常用词。

对于刚跨入基金投资领域的投资者来说，本书的适配度非常高。首先，本书的基金投资知识较为全面和系统，从基础知识到投资策略，再到风险评估和案例分析，涵盖基金投资的方方面面，可有效帮助读者全面了解基金投资的知识和方法。其次，本书比较注重实用性和可操作性，通过具体的案例分析，使读者能够将理论知识应用于实际投资，提高投资水平和能力。最后，本书针对不同层次的投资者，从新手到精通者，提供了差异化的投资指导和建议，使每名读者都能找到适合自己的投资方法和策略。

本书对基金知识的讲述通俗易懂、深入浅出，适合以下三类人群学习：

●基金投资者。无论是初入基金市场的小白，还是有一定经验的投资者，都可以从本书中获得实用的投资指导和建议。

●金融从业者。对于金融从业者来说，本书不仅是一本基金投资实操的指导书，还是一本基金投资流程和知识的参考书，更是一本提升自身专业服务能力的宝典。

●投资者教育机构。对于投资者教育机构来说，本书可以作为培训教材或参考资料，帮助学员系统学习基金投资的知识和技能。

为了更好地理解和掌握本书的内容，建议读者在阅读时注意以下四点：

●系统学习。建议读者按照本书的章节顺序系统学习，逐步掌握基金投资的基本知识和技巧。

●深入思考。在阅读过程中，建议读者深入思考书中涉及的概念、方法和策略，理解其背后的原理和逻辑。

●实践应用。在掌握理论知识的基础上，建议读者将所学所思应用到实际投资中，不断用实践检验和完善自己的投资技巧和方法。

●关注动态。基金市场是一个动态的市场，政策和市场环境都在不断变化。建议读者在学习的同时，多关注市场动态和政策变化，及时调整自己的投资策略和方法。

无论投资者是渴望在股市和债市中寻找机会，提高财务自由度，还是仅仅希望更好地管理自己的资金，基金都可以成为一种较好的财富工具。通过深入理解基金投资的要点，投资者能够更明智地配置资产、降低风险，实现理财目标。在这个信息充沛的时代，投资选择虽然变得更加复杂，但也提供了更多机会。希望本书能够为投资者奠定坚实的基础，助力投资者更加自信地面对金融决策，做出明智的投资选择，从而实现自己的理财目标。

让我们一起踏上这个令人激动的旅程，从基金投资的新手逐步成为基金投资的精通者。无论想实现什么样的投资目标，本书都将成为投资者的入门指南。

目录

第一章

认识基金

导读：理财小白主动理财第一步——认识基金

　　小周是一名刚毕业的大学生，参加工作后实现了自给自足，除了必要的衣食住行开支，手头略有结余。看到周围有不少同事和朋友在讨论各类股票、基金、保险，尤其是听到他们获得了一些收益时，她也跃跃欲试。她通过查阅资料得知，基金是最适合理财小白的投资方式之一。那么，什么是基金？怎么买基金？如何比较基金和其他理财产品？如何看行情？什么是基金净值……虽然这些知识极为基础，但小周要从头学起，因为她对基金一无所知。

　　认识基金是理财小白主动理财的第一步。虽然很多人说基金投资门槛低、风险小、收益相对稳定，但它绝对没有想象中那么简单，一定要经过系统学习之后再进行实操。要想从懵懂无知的理财小白，一步步成长为能小有收益的投资者，需要先看懂投资知识、学会分析判断，进而学会甄别选择。

一、7 亿人的投资选择：基金

　　以前，人们见面都互相问一声：吃了吗？

　　现在，人们见面往往互相打听：买基金了吗？

从开始探索到人声鼎沸，我国的公募基金⊖（为便于表述，本书统称"基金"）已经走过了将近 30 年的历程。

20 世纪 90 年代初，中国证券市场初步发展，在境外"中国概念基金"⊖的影响下，基金作为一种新的筹资方式被一些地方政府引入。2001 年 9 月，随着开放式基金"华安创新"的成立，基金这种全新的投资方式正式进入普通老百姓的视野。此后，各种类型的基金随之涌现，且发展迅猛。2022 年 5 月 15 日正值全国投资者保护宣传日，中国证券业协会发布了《2021 年度证券公司投资者服务与保护报告》。该报告指出，截至 2021 年底，我国基金投资者超过 7.2 亿人。中国证券投资基金业协会发布的 2022 年 7 月公募基金市场数据显示，我国基金总规模突破 27 万亿元大关，基金产品总数也超过 1 万只。

基金之所以能够如此快速地被普通投资者接受，并成为一种投资手段，主要在于其资金募集方式和投资方式。基金是由基金公司设立的、面向社会公开募集资金并投资于相应证券资产的一种投资形式。在普通投资者看来，基金就是将自己手中的钱委托给基金公司去投资，投资者获取投资回报，基金公司从中赚取管理费用，投资者和基金公司之间是委托人和代理人的关系。

普通投资者只需支付较低的费用，就能享受专业化的投资服务，基金也凭借这一优势深受投资者的喜爱。经过近 30 年的发展，基金已成为近半数国民的投资选择，稳定发挥着普惠金融作用，服务着大众理财和实体经济发展。

从生根发芽，到长成参天大树，基金在我国的稳健发展历程，既是行业

⊖ 公募基金（Public Offering of Fund），是指以公开方式向社会公众投资者募集资金，并以证券为主要投资对象的证券投资基金。公募基金是以大众传播手段招募，发起人集合公众资金设立投资基金，进行证券投资。这些基金在法律的严格监管下，有信息披露、利润分配、运行限制等行业规范。投资者在银行、券商等平台购买的基金基本都是公募基金。见本书附录。

⊖ 1989 年 9 月，第一只"中国概念基金"即香港新鸿信托投资基金管理有限公司推出的新鸿基中华基金成立。之后，一批境外基金纷纷设立，极大地推动了中国投资基金业的起步和发展。

不断砥砺前行的结果，更是我国经济社会和财富社会快速发展的一个缩影。

二、基金与常见投资品种对比

近年来，多层次、广覆盖、差异化的资本市场体系在不断完善。在基金迅速发展的同时，股票、银行理财等投资品种也在蓬勃发展，各自拥有众多投资者。有些投资者经历了从银行理财到基金再到股票的投资历程，也有些投资者与之相反，从股票到基金再到银行理财。哪种投资方式更好？哪种投资方式更适合自己？投资者经常对此感到迷茫。我们希望通过对比的方法介绍基金与常见投资品种，帮助投资者对不同投资品种建立更加清晰的认知。

（一）股票型基金[⊖]vs 股票

按照基金合同，股票型基金 80% 以上的基金资产要投资于股票，因此，很多新手投资者容易陷入这样一个误区："股票型基金买的都是股票，买股票型基金就等于买股票"。事实上，通过股票型基金投资股票市场和直接参与股票交易的区别很大，特别是对于新手投资者而言，股票型基金具有更多优势。

1. 基金投资门槛更低

股票交易以"手"为单位，1 手即 100 股。个股有 1 手的起投门槛，如果想买一些高价股，比如想买 1 手股价为 500 元/股的个股，则至少需要花费50,000 元，这确实不是一个小数目。

看好相关标的，又不想买那么多，可以通过投资持仓有这只个股的基金实现间接投资。《中华人民共和国证券投资基金法》（以下简称《证券投资基金法》）对基金的信息披露有非常严格的要求，需要披露基金招募说明书、

⊖ 股票型基金又称股票基金，是指主要投资于股票市场的基金。证券基金的种类很多，在我国除了股票基金，还有债券型基金、股票债券混合型基金、货币型基金等。

季报、年报及费用等相关公告。这为投资者了解基金的各项信息提供了便利，如持仓、股票比例、投资风格、换手率、基金规模等。

随着基金越来越被大家所熟知，基金的投资门槛也不断降低，目前已经有不少基金可以实现 1 元或 10 元起投，让投资者可以以更低的门槛分享优质企业发展的红利。

2. "让专业的人做专业的事"

股票型基金由专业的基金经理管理，而个人股票投资往往是"单打独斗"。目前市场上的基金管理人数量有限，需要具备一定的资质要求。基金行业是一个典型的人才密集型行业，基金经理的入行门槛非常高。具体来讲，基金经理和投研团队往往是知名院校的财经类、数学类或产业类专业出身，不少人还有相关产业的从业背景，他们在投资、行业研究上的能力和经验要远远胜于大部分个人投资者。除此之外，成为基金经理还需要取得基金经理从业资格证并积累一定年限的投资经验。同时，基金的人才培养选拔机制也十分严格，常规的职业发展路径是：研究员—基金经理助理—基金经理。

既然基金经理的专业门槛如此之高，为什么 A 股市场[⊖]中选择"单打独斗"的散户数量依然如此庞大呢？《穷查理宝典：查理·芒格智慧箴言录》一书中多次提到一个有趣的数据："瑞典有一项严密的调查表明，90% 的汽车司机认为他们的驾驶技术在平均水平线之上。"事实上，这显然是违背事实的。类似的心理同样存在于股市，投资大师查理·芒格曾经罗列了人类常有的 25 个倾向，每一个倾向都会让人犯错误，其中第 12 个倾向称作"自视甚高"。事实也确实证明了这一点：大部分人赚不到自己认知之外的钱。

对于缺乏时间投入和专业度的普通投资者而言，更好的选择就是"把专业的事交给专业的人"，让基金经理帮助自己打理资产。基金投研团队完善

⊖ 中国股票市场主要由三部分组成：A 股市场、B 股市场和 H 股市场。其中，A 股的正式名称是人民币普通股票。它是由我国境内的公司发行，供境内机构、组织或个人（不含台、港、澳投资者）以人民币认购和交易的普通股票。

的信息共享机制，能够在很大程度上避免基金经理出现误判。

3. 基金天然分散风险

基金采取股票组合的方式进行投资，这天然地分散了风险。投资领域常说的一句话是："不要把所有鸡蛋放进一个篮子里"。把资金投资于单一股票就是把所有鸡蛋放进一个篮子里，把资金投资于基金就是把所有鸡蛋放进不同的篮子里。

基金合同中的"双十"规定约束了基金投资的集中度：1 只基金中，单只股票占比不超过这只基金仓位的 10%；1 家基金公司，持有 1 只股票，不超过这家上市公司股份的 10%。如此，1 只基金至少要投资 10 只以上的股票，从长线来看，基金组合有效控制了个股的风险，分散风险的能力更强。

需注意，如果买了 2 只基金，且这 2 只基金都是布局某一行业赛道的权益基金，那么就需要谨防分散投资却不分散风险的情况。这就像把所有鸡蛋放进 20 个篮子里，又让同一辆车拉走了。因此，如果不是特别看好某一个行业赛道，可以把钱投资于不同类型、不同投资期限、不同风险收益的产品进行分散投资。可以先从大类资产上做第一次分散，比如按一定比例配置股票和债券，再从大类资产内部做第二次分散，比如配置不同的行业赛道，如医药、消费、新能源等。

4. 基金便于投资境外市场

普通投资者要直接投资境外股票，可以在境外开立股票账户，如美股账户；也可以在证券公司和国内知名代理机构处开立股票账户，但必须符合相关的身份认证和资金转移要求。

相比之下，不管是从时间成本来看，还是从投资途径来看，或许合格境内机构投资者（Qualified Domestic Institutional Investor，QDII）基金都是更好的境外投资选择。QDII 基金，是指在一国境内设立，经该国有关部门批准从事境外证券市场的股票、债券等有价证券业务的证券投资基金，可以简单理解为投资境外证券市场的基金。

QDII 基金可以有限度地允许境内投资者投资境外证券市场，投资者可以直接在国内的基金平台上购买 QDII 基金。

（二）银行理财 vs 基金

银行理财和基金是目前主流的理财方式，两者都是将投资者的钱募集起来拿去投资，最终本金及投资收益（或亏损）属于投资者。在风险等级的划分上，两者也基本相同（R1 ~ R5[⊖]）。那么除了运作主体不同，银行理财和基金还有哪些差别呢？

1. 基金信披更透明

通常来说，基金资产需要在具有相应资质的托管人处设立托管账户，账户的设立和运作要严格独立于基金管理人。同时，《证券投资基金法》对基金的信息披露有非常严格的要求。对比来看，银行理财的资金去向披露得比较少，信息公开透明度不及基金。

2. 基金购买门槛更低

银行理财尤其是银行自营理财的购买门槛通常高于基金，一般是 1 万元起购。基金的购买门槛相对较低，如前所述已有不少基金实现 1 元或者 10 元起投，尤其是货币基金等。

3. 风险不同

虽然银行理财和基金都有各种风险等级的产品，但银行理财中风险及以下风险等级的产品更多一些，高风险的产品则相对较少。例如，低风险产品中，银行理财中最为大家所熟知的就是现金管理类产品，基金则有货币基金；高风险产品中，基金有股票型基金，银行理财则有权益类理财产品。通常，

⊖ R1 ~ R5 是金融机构将承受不同风险等级的人群分为 5 类，从低到高分别是 R1→R2→R3→R4→R5。其中，R1 属于谨慎保守型投资群体，R2 属于稳健型投资群体，R3 属于平衡型投资群体，R4 属于进取型投资群体，R5 属于激进型投资群体。本书后面章节将多处涉及。

基金的权益产品布局相比于银行理财更完备，而银行理财的投资范围相较基金更广泛，除了投资货币市场、债券、股票，还可以投资艺术品、收藏品等另类资产。

在实际的配置决策中，二者并不冲突。投资者可以结合自己的实际情况、投资偏好及风险承受能力，在银行理财与基金之间进行灵活配置。

（三）其他常见投资形式

除了基金和银行理财，常见的理财产品还有债券、外汇、信托、保险、贵金属、奢侈品或古董等，普通投资者接触这些产品的机会较少，这里仅做简单介绍。

1. 债券

借债可能是人类最古老的金融行为，债券⊖也是投资者最容易理解的金融产品，它至今仍然是全球最重要的金融工具，甚至没有之一。截至 2021 年 4 月 5 日，全球股市和债市的市值分别为 109 万亿美元和 123 万亿美元（数据来源于彭博、东吴证券研究所）。许多银行理财产品、信托产品的底层资产均以债券打底。债券的收益由两部分组成：一是持有到期的利息收入（票息）；二是债券价格变动产生的差价。

虽然债券的收益逻辑相对简单，易于被人们接受，但投资债券仍有其局限性。一方面，因为大多数债券只在银行间市场流通，而银行间市场不对个人投资者开放，所以普通投资者很少有机会直接参与债券投资；另一方面，虽然个人投资者可以通过交易所等交易债券，但能够买到的债券种类非常有限，且对投资者的投资经验和金融资产也有较高的要求。

⊖ 债券是政府、企业、银行等债务人为筹集资金，按照法定程序发行并向债权人承诺于指定日期还本付息的有价证券。债券是一种金融契约，是政府、金融机构、工商企业等直接向社会借债筹借资金，向投资者发行，同时承诺按一定利率支付利息并按约定条件偿还本金的债权债务凭证。

2. 外汇

如果对外汇[⊖]投资感兴趣，那么打开各大银行的软件，基本上都能看到外汇交易的栏目。外汇投资主要通过兑换不同货币赚取差价，即将一种货币买入，等到汇率升值后再卖出，从中赚取差价。在日常生活中，人们出国旅游时常常需要把人民币换成外币，这就是一种简单的外汇交易。

外汇市场作为全球最大的金融市场之一，交易活跃，风险高。影响汇率波动的因素非常复杂，涉及政治环境、经济形势、国际收支、外汇储备和利率等方面。除此之外，外汇市场还会受到市场心理的干扰，普通投资者想要把它研究透彻比较困难。如果投资者想进行外汇投资，国内唯一合法途径是通过各家商业银行换汇。因外汇市场骗局高发，投资者务必要注意规避地下外汇交易、"配资""自动跟单"等骗局。

3. 信托

信托大致可以分为家族信托、信托理财产品、保险金信托等。对于普通投资者而言，信托和基金最大的差别是起投门槛不同，信托产品的起投门槛一般是100万元，而基金的起投门槛大部分是10元。此外，基金的投资领域多集中在股票、债券等标准化证券，而信托产品的可投资领域更加广泛，既可以投资证券市场，又可以投资实业领域。投资者在选择信托投资之前，需要充分了解其投向和风险程度，部分信托产品的风险极高，投资者需要判断好自己的风险承受能力，谨慎投资，并做好预期管理。

4. 保险

当前，保险产品呈现出多元化发展趋势。为了满足市场需求，保险公司纷纷推出多种类型的年金险、两全险和增额终身寿险产品，这些都属于理财

⊖ 外汇是货币行政当局（中央银行、货币管理机构、外汇平准基金及财政部）以银行存款、财政部库券、长短期政府证券等形式保有的在国际收支逆差时可以使用的债权，包括外国货币、外币存款、外币有价证券（政府公债、国库券、公司债券、股票等）、外币支付凭证（票据、银行存款凭证、邮政储蓄凭证等）。

型保险产品。

门槛上，目前市面上的理财型保险常常是千元起投，对比来看基金依然具有低门槛的优势。与基金不同，理财型保险有一个很大的特点——部分产品可以"锁定收益率"。根据监管规定，保险产品的预定利率不超过 3.5%，所谓的"预定利率"可以终身锁定，当前这个利率水平有下降的趋势。从流动性上考虑，理财型保险的持有期限往往较长，流动性小于基金，往往需要投资者参保 20 年以上才能获得理想收益。

功能上，保险的强制储蓄功能非常强，强制储蓄的期限也往往更长。回到保险的本质，首先是保障，其次才是投资，所以无论理财型保险产品的投资收益如何，我们都应该首先关注保险合同范围内的保障。

5. 贵金属

另一种比较特殊的投资品是贵金属。以黄金为例，在人类几千年的文明史中，如果要给不同时代、不同文明找一个共同的财富象征，很多人首先想到的就是黄金。近年来，我们常常听到金价上涨、市民抢购黄金的消息，那么，黄金究竟是不是一种好的投资品？

为了得出结论，沃顿商学院经济学教授杰里米·西格尔曾以购买力为衡量标准比较了各类资产的长期表现。他计算了在 1802 年分别向股票、债券、国库券和黄金投资 1 美元，在 2006 年各能够收获多少回报，这个计算结果被收录在《股市长线法宝（第六版）》中。测算得到的结果是：这 200 多年间，股票账户从初始的 1 美元变成了 75.5 万美元，债券和国库券分别为 1,083 美元和 301 美元，而黄金只有 1.95 美元，跑输了上述所有资产。

由此可以看出，相较于其他常见的投资品种来说，黄金并不适合长期投资。黄金的价格短期内会有波动，但最终会回到其内在价值左右。不过，黄金投资也并非没有意义。黄金的价值非常稳定（按照杰里米·西格尔的推算，200 多年间用购买力衡量才涨了 1.95 倍），是很好的避险资产。在每一轮经济危机中，金融资产总是会不可避免地下跌，而黄金价值始终能够保持稳定。在这一基础上，很多资金选择配置黄金来避险，这种趋势甚至会在短期之内推高黄金的价格。不过，黄金的避险功能仅会阶段性发挥作用，毕竟和平与发展才是人类社会的主题。在稳定的经济社会环境下，无论是基于获取收益的考虑，还是为了对抗通货膨胀，能够稳定生息的资产才是更好的选择。

6. 奢侈品或古董

黄金投资的逻辑也适用于奢侈品或古董投资。据第一财经报道，一名"90后"投资者在2020年"追星"买入了一些明星公募基金产品，持有至2023年初，亏损20%以上，同期买入的一款奢侈品包的价格却上涨了45%左右。奢侈品涨价往往有很多非经济性原因，包括消费者的品牌共识、厂商自身需要维持品牌的高端和稀缺形象等。

金融市场大环境表现不好，无论是明星权益基金还是普通权益基金，受限于合同约定，都很难有出色的表现，但这不意味着购买投资奢侈品包就是更好的选择。基金是受国家监管的规范化的金融投资品种，有标准的买入、估值及赎回流程，流动性高；包、珠宝等奢侈品或字画等古董属于另类投资产品，一般不具有标准和统一的价值计算规则，受市场和预期的影响较大，流动性通常较差，不管预期价值几何，都须等待买家出现后才能变现。

从收益增长逻辑来看，奢侈品包短期涨价频繁，是因为人们赋予了它涨价的预期，并不是因为它的内在价值上涨了。基金投资于股票，股票的价值至少包含两部分：一是有上市公司净资产做支撑的"安全边际"价值，这部分价值会随着上市公司的良好经营、业绩增长而变大；二是人们预期股票上涨还是下跌的"未来价值"，这部分价值和奢侈品包价格上涨有些类似。人们的预期可能会反复波动，而企业的经营却是脚踏实地、有迹可循的。从基金的发展历史来看，即使是经历了2022年的震荡，权益基金的长期收益依然

"拿得出手"。以偏股型混合基金指数为例，2013 年 3 月 31 日至 2023 年 3 月 31 日这 10 年间的涨幅高达 192.86%（数据来源：同花顺 iFinD）。

理财产品千千万，无论如何选择，都应该注意与自己的风险收益偏好匹配。切记，不要抱着一夜暴富的心态去投资，而是要把关注点放在整体的优质资产配置和资产未来的长期增值上。

三、基金的一生

基金从诞生之日起就肩负着为投资者理财的重要使命。基金之所以深受投资者的喜爱，与它受到严格的监管密不可分，强监管蕴含在基金的全生命周期里，体现在基金运营的复杂流程中。下面一起来看看一只基金是如何出生并发展壮大的。

（一）基金的成立

基金出生之前也需要"准生证"。基金公司首先要向中国证券监督管理委员会（以下简称"证监会"）递交申请报告、基金合同草案、基金招募说明书等一系列法律文件（关于基金的法律文件，详见本书第三章）；经过证监会获准注册之后，基金公司通过委托符合资质的代销机构或者通过官网向投资者发售基金，汇集众多中小投资者的资金。在募集期结束后，须满足基金成立的标准（不小于 2 亿元规模和不少于 200 户投资者，发起式基金除外）；之后，基金公司聘请会计师事务所对基金进行验资，并完成备案手续，基金才能宣告成立。

一般新生儿是出生之后起名，但基金要在发起募集之前就起名。这个起名需要遵循一定的规则，一般是基金公司名＋产品特征（能简要概括投资范围、风格或者有其他寓意）＋持有方式＋基金类型＋投资大类＋基金＋收费类型。

例如，"创金合信兴选产业趋势"的全称是"创金合信兴选产业趋势一年封闭混合型证券投资基金 A/C"。其中，"创金合信"是指创金合信基金，是基金的管理人；"兴选产业趋势"说明投资可能以制造业为主，且偏向成长风格（要进一步确定还需要看基金招募说明书的投资范围如何表述）；"一年封闭"指封闭期为一年，到期之后转为开放式产品；"混合型"是指基金为股债混合产品；"证券投资基金"是指投资标的为有价证券，而非货币型基金或其他；A/C 是指基金的收费方式是按照 A 类还是 C 类收费。

还有一种特殊的基金募集模式，称作发起式。发起式基金在募集期不需要满足不小于 2 亿元规模和不少于 200 户投资者的要求，但需要公司股东资金、公司固有资金、公司高级管理人员和基金经理等人员的资金认购金额不少于 1,000 万元，且持有期限不少于 3 年。这虽然大大降低了基金成立的门槛，但相应地基金的退出机制也更加严格：发起式基金合同约定，基金合同生效 3 年后，基金资产规模低于 2 亿元的，基金合同自动终止，同时不得通过召开持有人大会的方式延续。这类基金在名称上有"发起式"3 个字，其募集方式为基金公司快速布局提供了更多的机会，也为投资者提供了更多样化的选择，很多日后几十亿元乃至上百亿元规模的绩优基金也是从发起式基金一点点运作起来的。

在基金的成立和运作过程中会产生相应的费用，包括基金公司的管理费用、托管人的托管费用、代销机构的费用及设立基金时发生的相关费用，这些都从基金净值中列支，由基金持有人承担。

基金不同份额间的收费方式、交易方式、交易限额或风险收益特征等存在差异。基金产品会分成多种份额，其中投资者比较常见的就是 A 类和 C 类份额。基金的 A 类/C 类份额的差异主要体现在费率上，A 类不收取销售服务费，C 类不收取申购费。如果想要灵活操作，进行短期交易，建议选择 C 类；

如果计划长期投资，追求更好的收益，选择 A 类更划算。

（二）基金净值

基金成立后即进入产品运作阶段，判断一只产品运作如何、业绩表现好坏有很多关键的考察指标，但首先要基于对基金净值的准确计算。单位净值、累计净值、复权净值，它们都是什么意思？这些指标中究竟哪个代表基金真正的赚钱能力？先来解释一下这些名词。

1）单位净值就是基金在某一个时点上，按照公允价格计算的基金资产扣除负债后的余额，代表基金持有人的权益。直白点说，就是买一份基金要花多少钱。计算公式为：单位净值 =（总资产 − 总负债)/基金总份额。

2）累计净值体现了基金自成立以来所取得的所有收益。基金赚取的收益，一部分由单位净值体现，另外一部分以分红的方式返还给基金持有人。参与过分红的基金，因为把资产分出了一部分给持有人，所以单位净值会突然减少，这显然不利于投资者观察基金业绩的真实情况，这时候就要观察累计复权净值这个指标了。

3）复权净值考虑了红利再投资的收益，将基金的单位净值进行了复权计算，也就是将"分红 + 单位净值"再投资进行复利计算。复权净值 =（单位净值 + 基金成立后累计的单位分红）再投资并按复利计算。因此，基金的复权净值才是能最真实准确反映基金业绩的参考指标。

除了以上三个指标，还有一个指标称为预估单位净值。基金公司在季度报告、半年报和年报中会公布持仓（以股票型基金为例，季报只公布股票前十大持仓，半年报和年报会公布全部持仓），预估单位净值就是根据季报、年报、半年报中持仓股票在当个交易日的价格变动进行估算的。

这其中就有问题了：首先，基金报告反映的是截至季度末时间点的持仓情况，而基金在每个交易日都可能调仓换股，用报告中披露的重仓个股去估算当下净值可能会存在很大误差。这种方法对持股周期长的基金或许有一定参考价值，但如果基金经理是偏向短期持股风格的，持仓可能会变化得比较快，这种对基金净值的预估就会存在很大的误差。其次，季度报告中披露的持仓只是重仓个股（比如前十大重仓股），对于持仓比较分散的基金而言，前十大重仓股的占比仅在40%左右，重仓股的变动不能代表整体的变动情况，也会导致预估净值存在比较大的误差。

有时因为实际操作不同，基金每晚公布的当日净值和销售方给出的预估净值差别很大，让投资者产生不小的疑惑。鉴于这种估值的方式存在很大误导性，部分线上销售平台已开始陆续下架基金实时估值的功能。

（三）基金分红

聚在一起相互推荐基金，已经是一种常见的社交方式了，有时候我们会听到类似这样的基金推荐场景：

A：这只基金挺不错的，时常会有一些分红，返还一部分现金。

B：分红的基金是好基金吗？

A：那当然了，经常分红就说明基金赚钱了，不赚钱哪有钱分红？再说了，平时还分红给你，比那些不分红的基金赚得多啊！

B：……

那么问题来了，分红的基金一定是赚钱的基金吗？分红的基金一定比不分红的基金赚得多吗？

基金分红，是指基金公司将基金投资所获得的收益分发给持有基金份额的投资者的过程。既然分红的来源是基金投资所获得的收益，那么分红的基金累计收益就是正的，当期收益是否为正就说不准了。一般来说，如果基金投资组合中的资产在某个时期产生了足够的收益，基金公司就会从这些收益中分配一部分给投资者作为分红。有时候，即使基金在一段时间内没有实现正收益，基金公司也可能会采取分红的方式吸引投资者或者调整市场预期。在这种情况下，基金可能会从既有资产的累积收益中分配一部分给投资者，而不仅仅是依赖当期的正收益。

分红的基金并不一定比不分红的基金赚得多。分红实际上是将基金的部分收益从基金资产中分配给持有人，当基金公司宣布分红时，这部分分红会先从基金的净值中扣除，然后以现金的形式分发给持有基金份额的投资者。分红的这部分收益只是从"存在基金资产中"转移到"持有人手中"，存在的形式变了，收益的多少没有变，投资者本身并没有赚或赔。

小张认购某基金1,000元，初始净值1元，份额1,000份。一段时间后，该基金单位净值上涨为1.5元，小张现在拥有的基金资产为1.5元×1,000份=1,500元。该基金公司宣布每单位份额分红0.5元，那么小张将获得0.5元×1,000份=500元的分红。相应地，原有的基金单位净值需要扣除这部分分红，单位净值又变回了1元，剩余在基金中的资产为1元×1,000份=1,000元，加上分红的500元，基金资产仍然是1,500元，金额没有变化。

由此可见，基金是否分红并不能作为判断一只基金赚钱能力的标准，投资者可以根据自己的投资习惯、对现金流的需求等决定是否要选择定期分红属性的基金。另外需要注意的是，基金一般默认的分红方式是获取现金红利，如果投资者想选择红利再投，要记得修改一下设置。

（四）基金限购

为什么有些基金业绩很优秀，却不让投资者多买呢？仔细观察就会发现，发布"限购令"的基金有几个共性：规模大、历史业绩佳、由"强将"领衔。市场行情火爆的时候，业绩优秀的基金会更受投资者青睐，但如果短时间内新增申购规模过大，会对基金经理的投资布局形成一定的挑战。出于对风险的考虑，监管机构对基金投资有"双十"的要求：一个"十"是指一只基金持有某只股票不得超过基金总资产的10%；另一个"十"是指一家基金公司旗下所有基金持同一股票不得超过该股票市值的10%。因此，当基金规模增大时，就会对投资产生以下限制：

1）投资机会有限。当基金规模增大时，寻找高质量的投资机会变得更加困难。较小规模的基金可以更灵活地捕捉小型或者新兴市场中的机会，而大规模基金需要在更有限的选项中进行投资，从而限制了其收益潜力。

2）股价影响。大规模基金进行交易时可能会对市场造成较大影响，导致股票的交易价格上涨、交易成本增加，甚至可能泄露投资意图，影响其投资策略和投资效果，从而影响收益率。

3）复杂性增加。随着基金规模的增大，管理资产变得更加复杂，需要更多的时间和资源管理大规模的资金，可能需要分散投资，采取更保守的投资策略，以保护投资者的资金安全，同时可能会影响投资组合的收益率。

4）流动性压力。当基金规模增大之后，可能每时每刻都会发生赎回请求，该基金就需要频繁卖资产以适应投资者的赎回请求，极易导致卖在了不合适的时机，影响投资收益率。

针对以上情况，基金不得不设置限购权限，以保障既有投资者的利益。而要应对这些情况，就要对大规模基金的基金经理在精选投资、高效管理和灵活策略方面提出更高的要求。

（五）基金清盘

人有生老病死，基金也会迎来自己的暮年，最终走向衰亡，这就是基金的清盘。一般而言，开放式基金不存在规定的存续期，只要多数持有人认为有投资需要，基金就可以永远存在；封闭式基金存在一定的存续期，到期之后可以自动清盘，另外在触发清盘条件时也可以主动清盘。有一些基金尽管仍在存续期内，但没有达到相应的要求，也会触发强制清盘。最常见的情况可能是基金规模太小、业绩不佳、投资策略失败、赎回过多和公司策略调整等。基金清盘通常有以下 5 个步骤：

1）公告通知。基金公司会发布正式公告，宣布基金将要清盘，提前告诉持有人，便于他们做出资金处置决策。

2）申赎停止。发布公告后，基金通常会停止接受投资者的申购和赎回请求。

3）清算资产。基金公司会卖掉基金投资组合中的资产，将资金转换为现金，并清偿基金的债务和费用。

4）返还资金。待资产清算完成后，基金公司会根据每个投资者的份额比例，将剩余的资金返还给投资者。

5）终止基金。完成资产清算并返还所有资金后，基金正式终止，不再存在。

虽然基金清盘后会根据份额返给投资者相应的现金，但对于投资者来说，收到基金公司的清盘通知后，往往不知道到底是应该主动赎回基金还是佛系等待返还。因为清盘流程烦琐、耗费时间较长，在清盘过程中资金会被锁死不能赎回，还需要承担清算费用，所以建议投资者提前处置：如果仍想继续投资，可以提前转换基金；如果想赎回落袋为安，可以提前赎回，提高资金的利用率。

本章小贴士

1. 与股票、银行理财等其他理财方式相比，基金的投资门槛更低，且具有天然分散风险、更便于投资境外市场等优点。

2. 国家对基金的监管十分严格，《证券投资基金法》对基金的信息披露有非常严格的要求，这种监管贯穿于基金的全生命周期。

3. 普通投资者只需支付较低的费用，就能享受专业化的基金投资服务，"让专业的人做专业的事"。

4. 基金是否分红，并不能作为判断一只基金赚钱能力的标准，投资者可以根据自己的投资习惯、对现金流的需求等，决定是否要选择定期分红属性的基金。

5. 选择理财产品时，应注意与自己的风险收益偏好相匹配，一夜暴富的心态不可取，应把关注点放在整体的优质资产配置和资产未来的长期增值上。

第二章

基金的分类

导读：基金分类，迈出基金选择第一步

　　和大部分新入门的普通投资者一样，小李对基金申购、赎回、管理费等基本信息及基金经理没有太多概念，选择基金主要靠他人推荐，可以说是"跟着感觉走"。有人告诉他，要关注热点板块，科技板块热就追科技主题基金，医药板块热就买医药主题基金，新能源板块热就买新能源主题基金……也有人告诉他，要先多渠道搜集市场信息，自己对市场行情做出判断，然后根据自己的市场判断选择基金。

　　知道基金有哪些类别，这是选择基金的第一步。普通人很难判断哪些信息更接近市场真实情况，对热点板块和行业的追捧也往往是盲目的，基本看不懂基金背后的逻辑。比较智慧的做法是：把投资热门板块的权利、判断市场行情的权利交给基金经理和他背后的专业投研团队，让"专业的人"根据自己丰富的投资经验和优秀的管理能力，在板块轮动中踩准市场行情。

　　自 1997 年 11 月 14 日国务院证券委员会颁布《证券投资基金管理暂行办法》至今，我国基金行业已经发展了 20 多年，与众多投资者携手谱写了许许多多的财富故事，也为实体经济注入了发展资金，分享了此间经济快速增长的资本红利。当前，我国基金行业管理规模已达 26 万亿元，从各类基金的业

绩表现情况来看，近 5 年均实现了正收益，如图 2-1 所示。

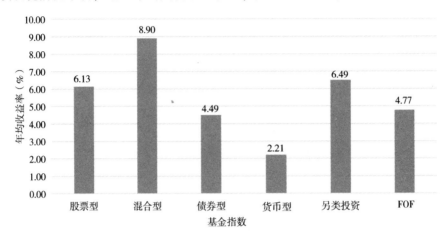

图 2-1　各类基金指数近 5 年年均收益率

数据来源：Wind，时间截至 2023-06-09。

截至 2023 年 6 月 9 日，我国境内共有 164 家基金公司，发行了 10,891 只基金产品（同一基金不同份额不重复计算），基金产品的数量、规模已经非常庞大。如何在浩如烟海的基金中选出适合自己的基金？这也是基金投资者最为津津乐道的话题。首先，需要对 1 万多只基金进行分类，只有在同类型的基金中展开比较，遴选才能变得更加省力、科学；其次，需要根据基金的公开法律文件、信息披露文件的重要章节、业绩表现情况展开比较；最后，需要从自己的风险承受能力出发，在不同类型基金中挑选最适合自己的产品。

市场上有多种基金分类标准，可以从适合投资者投资实战的角度，综合证监会、销售机构、基金公司各方的分类方法，为投资者提供分类参考，助力投资者迈出基金选择的第一步。

可以按持有方式、投资范围、交易场所、特殊类型 4 个维度，对基金进行分类。

1）按持有方式分类，就是从投资者认购、申购、赎回机制的角度出发，为投资者解释不同运作方式的基金对投资的限制和好处，如开放式基金、封闭式基金、持有期型基金。

2）按投资范围分类，就是从基金合同对基金投资的持仓限制出发，定义不同分类下基金的风险特征，为投资者提供选择底层资产的重要参考，如货币型基金、债券型基金、股票型基金。

3）按交易场所分类，就是从不同场所、渠道购买的基金份额的特点区分基金，帮助投资者根据自身需要购买合适的份额，如 ETF 基金、LOF 基金等。

4）特殊类型是指未能囊括上述 3 种分类方式，但也属于重要类型的基金，包括 QDII 基金、MOM/FOF 基金、商品基金、REITs 基金和养老基金等，为投资者的特殊投资需求提供特殊基金选项。

投资者掌握不同基金分类标准后，可以根据自身现金流安排，选择合适的底层资产，考虑交易成本后做出理性的选择。

一、按持有方式分类

最近几年市场上出现了较多的持有期型基金、定期开放式基金等，这类基金会限制投资者的申购赎回，需要安排好资金的使用时间。接下来介绍市面上与申购、持有或赎回限制有关的基金，以及如何在法律文件中找到此类关键条款，识别此类基金。

基金的持有方式主要有开放式、封闭式、持有期型三大类，其中持有期型还分为常规持有期型和滚动持有期型。下面分类进行介绍。

（一）开放式基金

《证券投资基金法》第四十五条第二款规定，采用开放式运作方式的基金（开放式基金），是指基金份额总额不固定，基金份额可以在基金合同约定的时间和场所申购或者赎回的基金。

按照法律规定，基金份额总额可以变化就是开放式基金。与之相对应，基金份额总额固定、不能变化的就是封闭式基金。但是，开放式基金并不意味着对投资者的认购、申购、赎回行为没有限制。

开放式基金有每日开放型和定期开放型两种。简单来讲，每日开放型是在正常情况下，可以在每个交易日申购赎回的基金；定期开放型则是在合同约定的特定交易日才能申购、赎回的基金。

1. 每日开放型基金

每日开放型基金，是指基金发行法律文件未对投资者的申购、赎回权利进行特别约定的开放式基金，在基金正常运作的前提下，投资者可以随时向基金管理人提出申购、赎回申请。如果计划投资的资金需要较强的流动性安排，即随时变现挪作他用，就可以选择每日开放型基金。

如何判断一只基金是不是每日开放型基金呢？其实从基金名称、基金合同、基金招募说明书和基金公告中都可以得到答案。这里提供一个"三步法"供参考：首先，基金名称中未带有"定期开放""持有期""封闭"等字样的，大概率是每日开放型基金。其次，可以查阅基金公司网站公开披露的《××基金基金份额发售公告》中"基金募集基本情况"章节，明确产品运作方式是"契约型开放式"；另外，如果是每日开放产品，发售公告中一定不会出现"封闭期"或者"持有期"等字样，投资者可以直接用搜索功能检索以上关键词。最后，开放型基金在基金首次募集后，为了方便基金经理将募集的现金逐步买入相应资产，基金管理人普遍会设置不超过3个月的限制申购、赎回的机制，保持基金在此区间内稳定运作。在3个月内何时打开，会根据基金公司发布的《××基金开放日常申购、赎回、转换和定期定额投资业务的公告》来设定。

2. 定期开放式基金

如图 2-2 所示，定期开放式基金简单地说就是有特殊约定的封闭期，只有在封闭期之外的开放日才能正常申购、赎回的基金。从法律文件来看，定期开放式基金合同中一般会在"基金份额的申购与赎回"章节约定："本基金在封闭期内不办理申购、赎回、转换业务"。此类基金在每个封闭期结束后进入开放期，具体开放时间通常最短不少于 5 个工作日、最长不超过 20 个工作日，基金公司会发布公告告知投资者具体的开放时间。投资者可以在特定的时间段申购赎回，开放期结束后则进入下一个封闭阶段。

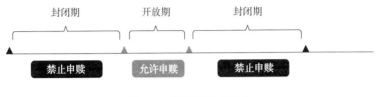

图 2-2　定期开放式基金

定期开放式基金的名称中必须有"定期开放"字样，同时必须把封闭期的长度标注在产品名称上，如"90 天定开""半年定开""一年定开"等常见表述。

投资此类型的基金，需要提前评估所投资资金未来的使用情况，因为投资此类基金在封闭期内无法赎回。

以创金合信泰盈双季红 6 个月定期开放债券型证券投资基金为例。基金管理人在基金发售公告中的"基金募集基本情况"章节（三）基金运作方式部分，明确了是"契约型、定期开放式"，同时有"本基金采取封闭期与开放式间隔运作的方式"等表述。这是定期开放式基金法律文件中比较典型的条款表述。

投资者购买此类基金还需要格外注意投资到期日，以免错过在开放期行使赎回的权利，导致该笔投资进入下一个封闭期，影响未来的资金安排。此类基金的基金公司通常会在封闭期即将到期时发送客服短信通知客户，所以投资者需要把方便联络的手机号码留存给销售机构或基金公司。

由于定期开放式基金在封闭期没有持有人赎回的流动性压力，法规也赋予其更为宽松的投资限制要求，在投资上较每日开放型基金有一定的优势。

（二）封闭式基金

与开放式基金相对应的是封闭式基金。《证券投资基金法》第四十五条第二款规定，采用封闭式运作方式的基金（封闭式基金），是指基金份额总额在基金合同期限内固定不变，基金份额持有人不得申请赎回的基金。也就是说，封闭式基金的基金份额固定不变，既不能增加，也不能减少，所以投资者在产品运作期间无法申购、赎回此类型基金。

截至 2023 年 6 月，市场上存在的封闭式基金仅有 56 只，主要类型是 REITs 基金和混合估值法[⊖]债券基金。与众多的开放式基金相比，封闭式基金在数量上逊色不少。虽然数量稀少，但投资者也有可能涉及，需要注意在参与此类基金投资之前一定要对基金封闭期的长度和退出方式有所了解，以避免出现想变现却发现无法赎回的问题。

封闭式基金中有一种比较另类的产品，在封闭期结束后会转为开放式产品，这类基金一般在名称中会带有"×年/月封闭"的字样，如图 2-3 所示。

图 2-3　有封闭期的开放式基金

（三）持有期型基金

《证券投资基金法》第四十五条第三款规定，其他运作方式基金的基金

⊖　混合估值法：指基金根据具体资产的投资目的，使用了市值法和摊余成本法两种资产估值方法，因为使用了摊余成本法，此类基金的净值较为平稳。

份额发售、交易、申购、赎回的办法，由国务院证券监督管理机构另行规定。这里的其他运作方式，本书选择常规持有期和滚动持有期这两种特殊类型的基金产品，就份额申购、赎回方式进行详细介绍。持有期型基金产品是一种特殊的开放式产品，区别于定期开放式基金只有一个封闭期，对赎回的限制会具体到每一笔认购或申购。

所谓持有期型基金，简单来讲就是针对每笔认购或申购的资金，逐笔按照约定的期限锁定，待达到最短持有期限后才能赎回的基金。从具体运作来看，持有期型基金又分为常规持有期型基金和滚动持有期型基金。

截至 2023 年 6 月，市场中使用"持有期"这种运作方式的基金数量已经达到 1,157 只，其中有 145 只为滚动持有期型。持有期型基金自 2018 年以来数量增长迅速，目前已成为一种常见的基金品种，滚动持有期型基金自 2021 年以来也得到了蓬勃发展。

1. 常规持有期型基金

常规持有期型基金是针对每份基金份额进行赎回限制，投资者在到期日前不能执行份额赎回的基金。若该基金份额已经达到或超过约定的运作到期日，则可以在任意交易日申请赎回，如图 2-4 所示。

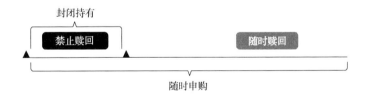

图 2-4　常规持有期型基金

常规持有期型基金的基金名称中带有"×天（个月）持有"的字样，投资者需要从认购、申购的份额确认之日起计算持有时间，只有达到约定的持有期限后，才能申请赎回。具体约定可参考基金招募说明书中"基金份额的申购与赎回"章节的具体条款，常见表述是："每份基金份额的最短持有期到期日起（含当日），基金份额持有人可对该基金份额提出赎回申请……投资者多次申购本基金，则其持有的每一份基金份额的最短持有期到期日可能不同。"

2. 滚动持有期型基金

滚动持有期型基金是指针对每份基金份额，基金管理人在该基金份额的运作期到期日后 N 日内办理赎回业务。在约定的 N 日内未能办理赎回的，会自动进入下一个持有期，如图 2-5 所示。简单说，滚动持有期型基金就是必须在约定日期内赎回，否则自动进入下一个持有期的基金。滚动持有期模式结合了"定期开放"和"持有期"的特点，每笔申购份额均设定了持有期，投资者在任何开放日都可以买入，但只能在持有期到期后才能卖出，如果不卖出则会自动进入下一期。

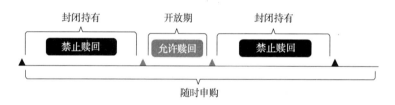

图 2-5　滚动持有期型基金

滚动持有期型基金的名称中带有"×天（个月）滚动持有"的字样，投资者需要特别注意约定的持有期限到期日，因为此类产品留给投资者赎回的时间区间比较短，通常只有 1～2 个交易日，错过约定赎回日则会自动进入下一个持有期。

以创金合信恒宁 30 天滚动持有短债债券型证券投资基金为例。基金招募说明书、份额发售公告中均有关于每份份额到期后如何计算具体赎回日的具体约定："对于每份基金份额，第一个运作期指基金合同生效日（对认购份额而言，下同）或基金份额申购确认日（对申购份额而言，下同）起（也即第一个运作期起始日），至基金合同生效日或基金份额申购申请日后的第 30

天（即第一个运作期到期日，如该日为非工作日，则顺延到下一工作日）止。第二个运作期指第一个运作期到期日的次一日起，至基金合同生效日或基金份额申购申请日后的第 60 天（如该日为非工作日，则顺延至下一工作日）止。以此类推。"

简单总结一下，每日开放式基金是每个交易日都可以申购赎回；封闭式基金是只能在基金募集期认购，基金存续期间都不能申赎；持有期型产品是每个交易日都可以申购，但每笔申购必须按要求持有约定时长后才能赎回，滚动持有型则是需在约定赎回日卖出，否则会进入下一个持有周期。

二、按投资范围分类

除了按持有方式分类，与投资者最相关的基金分类方式就是按照投资范围分类，这直接决定了投资者持有的基金背后的底层资产类型，从而决定了产品的风险收益特征等关键要素。

首先，简要概述基金的投资范围。综合各类基金的合同来看，基金的可投资范围包括：国内依法发行上市的股票及存托凭证（包括创业板、中小板及其他经证监会允许基金投资的股票及存托凭证）、债券（包括国债、央行票据、政府支持机构债券、政府支持债券、地方政府债、金融债、企业债、公司债、次级债、中期票据、短期融资券、超短期融资券、可转换债券、可交换债券等）、资产支持证券、债券回购、银行存款、货币市场工具、同业存单、金融衍生品（包括股指期货、国债期货、股票期权等）及法律法规或证监会允许基金投资的其他金融工具（须符合证监会相关规定）。

以上说法颇为拗口，简单来讲，基金能够投资的主要资产包括股票、债券、资产支持证券、现金类资产、基金、金融衍生品和商品。基金是通过分散投资追求实现风险、收益的最优组合效果的投资品种，通过各种资产的不同特性，将它们按不同比例组合就产生了不同类型的基金类型。不同类型的基金具有不同的风险收益特征，也就能够满足不同风险承受能力客户的需求，匹配不同的投资场景。

（一）货币型基金

当投资者有一笔短期资金需要安全地保值增值，又觉得银行活期利息太低时，货币型基金就是较好的基金投资品种。

货币型基金是指仅投资于货币市场工具，通过投资于短期、低风险的金融工具实现资金增值，每个交易日都可办理基金份额申购、赎回的基金。只要在基金名称中使用"货币""现金""流动"等类似字样的基金，就基本可以确定是货币型基金。

关于货币型基金，投资者还需要了解"7日年化收益率"和"每万份基金已实现收益"这两个重要指标。"7日年化收益率"是以最近7日（含节假日）收益所折算的年资产收益率，该指标的意义在于以统一尺度比较全市场的货币型基金，选择7日这个较短期限也是为了匹配该类基金普遍较短的持有期限，以便投资者更好地规划和管理持有的基金份额。"每万份基金已实现收益"就是1万份基金当天的实际收益，这种计算方式是考虑货币型基金几乎都选择了每日份额折算的运作方式，即每日获取的基金收益均折算为基金份额，投资者难以察觉具体的收益情况，所以使用万份收益作为投资者评估基金的收益水平和相对表现的参考数据。

（二）债券型基金

债券型基金是指基金合同约定80%以上的基金资产投资于债券的基金。债券型基金通常具有相对较低的风险水平，适合那些寻求稳定收益并希望降低风险敞口的保守型投资者。需要注意的是，尽管债券型基金通常具有较低的风险水平，但它仍然受信用风险、利率风险等债券市场常见风险的影响，在极端情形下也有可能出现投资亏损。

债券型基金包括纯债型基金和混合债券型基金两大类。纯债型基金又分为长期纯债基金和短期纯债基金，混合债券型基金又分为混合一级债券型基金和混合二级债券型基金。

纯债型基金是指基金资产只投资债券和现金类资产，不投资股票、权证等权益类资产。纯债基金因为没有权益类资产投资的仓位，仅有债券特有的信用风险和利率风险。

一般来说，基金配置的债券期限久期以 3 年为界限，3 年以上的属于长期纯债，3 年以下的属于短期纯债。久期是一个衡量利率变化对基金收益率影响程度的指标，普通投资者不需要了解久期的具体内涵，只需要理解久期越长，利率变化对基金收益影响越大。因此，短期纯债的利率风险比长期纯债更小。当前市场中长期纯债基金更受机构投资者的青睐，这是因为机构投资者在对宏观经济形势特别是利率走势的判断上更有优势。而短期纯债基金因为其业绩稳定、回撤较小的特点，备受零售投资者的喜爱。如果投资者觉得货币市场型基金收益较少，又不介意承担短时间内可能出现的较小回撤，短期纯债基金就是一个不错的选择。

混合债券型基金是稳健收益基金的一种，以大部分债券资产打底，可以投资于股票等少量权益类资产，作为增厚投资组合收益的手段。其中，混合一级债券型基金，指不在二级市场投资股票和权证等权益资产，仅参与一级市场新股申购和通过持有可转债转股形成的股票（行使转股权利后立即卖出）的债券型基金；混合二级债券型基金，指可以在二级市场投资股票及权证等权益类资产的债券型基金。

（三）混合型基金

混合型基金是一种投资于多资产类别的基金，包括股票、债券、现金和衍生品等，旨在将不同类型的资产组合在一起，以实现资产配置和风险分散的目标。根据股债资产比例不同，混合型基金分为偏债混合型基金、平衡混合型基金、灵活配置型基金和偏股混合型基金。

可以把混合型基金想象成一杯牛奶咖啡，它通常由牛奶和浓缩咖啡组成。浓缩咖啡提供了浓郁的口感和提神的效果，代表混合型基金投资组合中股票的部分；牛奶则提供丝滑的口感和绵长的奶香，代表混合型基金投资组合中债券的部分。通过调整牛奶和咖啡的比例，我们可以调制出不同口味的奶咖。

1）偏债混合型基金的基金资产以债券为主，辅以股票等其他资产，监管要求投资债券的资产比例必须大于60%，而投资股票的比例通常低于30%。偏债混合型基金是近年来备受投资者欢迎的"固收+"策略的主要载体之一，如果投资者希望在保持一定收益水平的同时追求部分资本增值，那偏债混合型产品就比较适合。

2）平衡混合型基金是指基金资产中股票最低仓位和最高仓位之间的比例差值在50%以内的混合型基金，常见的股票资产配置范围是30%~65%、40%~70%等。新发售的平衡混合型基金一般可以通过基金名称中是否带有"平衡混合"的字样来分辨，但如果是申购已在运作中的老产品，则需要通过翻阅基金法律文件中关于资产投资比例的约定来确认。平衡混合型基金由于股债配置中枢比较平衡，基金管理人可以根据市场情况进行股债择时配置，能够贡献一部分资产配置的收益，比较适合中等风险偏好的投资者。

3）灵活配置型基金是指基金合同对股票投资仓位限制较少、可以在0~95%范围内进行灵活配置的混合型基金。相较平衡混合型基金，灵活配置型基金有更大的仓位调整区间，在较为极端的市场环境下，基金管理人可以做出更为积极的资产配置调整。灵活配置型基金适合寻求较高回报并具备承担较高风险的投资者，同时在面临较大幅度的市场波动时，这类基金也比较考验管理人资产配置和择时的能力。

4）偏股混合型基金是一种主要投资于股票市场的混合型基金，投资组合中股票资产仓位需要保持在 60% ~ 95%，但在股票仓位之外也可能会包含一定比例的债券或者其他固定收益类资产。这种资产旨在通过股票投资获得较高的资本增值带来的净值增长，并借助固定收益类资产平抑部分股票资产带来的较大波动，实现风险分散。偏股混合型基金适合风险承受能力较高且对股票市场波动有一定了解的投资者。

除了以上 4 种类型的混合型基金，还有一类特殊的混合型基金——中证 AAA 同业存单指数型基金，因为其跟踪的指数成分均为同业存单，考虑到同业存单既不是股票类资产也不是债券类资产，所以将其纳入混合型基金的范畴。虽然中证 AAA 同业存单指数型基金是混合型基金，但其风险小于普通的纯债型基金，属于一个特例。

（四）股票型基金

股票型基金至少 80% 的资产要投资于股票市场，旨在通过交易或者长期持有股票来追求资本增值和长期收益。

股票市场就像一个赛车场，一部部飞驰的跑车驰骋在赛场之上。如果你在自己投资股票时发现总是不尽如人意，就可以尝试投资股票型基金。股票型基金的基金经理就像是持有人聘用的专业赛车手，你只需要坐在跑车的副驾驶上，基金经理就可以为你处理股票投资中可能遇到的各种情况。

在选择股票型基金时，需要关注这类基金的诸多差异，比如根据是否投资特定行业/主题、是否采用特定投资风格、是否使用量化模型、是否是主动管理等。

对于投资者而言，如果没有特别看好的行业或者主题，可以购买全市场基金；如果没有特别看好的市场风格，可以投资未进行风格限定的基金；如果认为计算机程序选股比人选股靠谱，可以选择量化基金。以上选择均可通过查阅基金名称进行分辨。

（五）另类投资基金

另类投资基金通过投资于非传统资产类别，如商品、房地产、基础设施项目股权等，来寻求独特化的投资回报。目前常见的另类投资基金有商品基金和 REITs 基金。

目前市场中仅有少量商品基金，底层投资的标的主要是黄金、有色金属期货、饲料豆粕期货和白银期货。商品基金的主要作用是让投资组合多样化，有些特殊的商品，如黄金可以在通胀环境下保值，投资者可以在适当的时机配置这种小众基金作为多元化资产组合的一部分。

REITs 是不动产投资信托基金（Real Estate Investment Trusts）的简称，是向投资者发行收益凭证，募集资金投资于不动产，并向投资者分配投资收益的一种投资基金。2020 年 4 月，证监会和国家发展改革委联合发布了《关于推进基础设施领域不动产投资信托基金（REITs）试点相关工作的通知》，明确要求在基础设施领域推进 REITs 试点工作，此通知也启动了境内基础设施 REITs 试点。截至 2023 年 6 月，市场中共有 28 只 REITs 基金，总规模接近 910 亿元，相关资产包括产业园、高速公路、仓储物流、环保项目和保障性租赁住房。

REITs 基金是一类既有股性又有债性的资产，强制分红及分红的稳定性决定了其债性。目前我国基础设施 REITs 基金产品要求将不低于 90% 的投资收益进行强制分红，而其底层资产一般为具有成熟的经营模式的基础资产，可以保证较为稳定的收益来源。同时，由于 REITs 基金间接持有基础设施项目公司 100% 股权或经营权利，是项目公司的唯一股东，所以使得基础设施项目未来的全部经营风险本质上由 REITs 基金及其投资者承担。REITs 基金在二级市场的表现受宏观经济、产业政策、项目公司经营情况等因素的影响，原始权益人并无义务保证投资者的收益，体现了 REITs 基金的股性。

普通投资者投资 REITs 基金，既需要关注基金产品本身的特点，也需要关注底层资产的投资风险，还需要关注二级市场流动性、风险偏好变化等带来的投资风险。

流动性方面，REITs 基金属于封闭式基金，期限一般在 20 年以上，不可进行份额的申赎，除基金到期清盘，投资者仅可通过场内账户进行交易卖出。实操中，为保证二级市场的流动性，基金管理人将至少聘请一家做市商提供做市服务，以满足投资者的交易需要。

集中度方面，REITs 基金要求将 80% 以上的基金资产投资于基础设施项目，特别是在基金首次扩募前，将 80% 甚至接近 100% 的可用资金均投资于单一基础设施项目，所以产品的集中投资风险是比较大的，投资收益将较大程度依赖单一基础设施项目运营的好坏。

REITs 基金的估值频率也值得投资者关注。由于 REITs 基金底层持有资产为基础设施资产，一般不具备公开市场公允价值，基金管理人将至少每半年聘请资产评估机构对资产价值进行重新评估，所以资产价值的变化无法及时通过基金净值反映，投资者需要密切关注基金管理人发布的各类公告，了解资产的重大变化，以便及时对资产价值进行评估及判断。

三、按投资交易场所分类

可以想象一下买海鲜的场景。在一个大型的海鲜市场里，有各种各样的海鲜，也有许多买家和卖家。假如买家买了海鲜又不想要了，可以在这里卖掉海鲜，海鲜的价格会随着供需关系的变化而发生变化。当然，也可以在专门的海鲜超市购买或者在网上订购海鲜，但从超市或者网上途径买入的海鲜，不想要了只能退回原处，需要走一定的流程和耗费一定的时间。

去"海鲜市场"买基金,就是人们常说的场内基金,证券交易所就是那个"场",陈列了不同基金公司管理的许多基金,投资者可以根据自己的需求随时买入或者卖出这些基金。去"超市或者网上"买基金,就像通过基金公司或者代销渠道购买基金,是直接向基金销售机构申购了基金。

(一)场内基金

场内基金是指能够在证券交易场所(上海证券交易所、深圳证券交易所)申购、赎回和交易的基金,常见的类型有 ETF 基金和 LOF 基金两种。

1)交易型开放式指数证券投资基金(Exchange Traded Fund,ETF),简称"交易型开放式指数基金",又称"交易所交易基金"。ETF 基金是一种跟踪"标的指数"变化,且在证券交易所上市交易的基金。投资者可以如买卖股票那样简单地去买卖"标的指数"的 ETF 基金,可以获得与该指数基本相同的报酬率。

ETF 基金是一种特殊的开放式基金,既吸收了封闭式基金可以当日实时交易的优点,也可以像买卖封闭式基金或者股票一样在二级市场买卖;同时,ETF 基金还具备开放式基金可自由申购赎回的优点,投资者可以如买卖开放式基金一样,向基金公司申购或赎回 ETF 基金份额。

2)上市开放式基金(List Open Fund,LOF),是指可在证券交易所认购、申购、赎回及交易的开放式证券投资基金。投资者既可以通过证券交易所场内证券经营机构认购、申购、赎回及交易上市开放式基金份额,也可以通过场外基金销售机构认购、申购和赎回上市开放式基金份额。

场内基金为拥有交易所证券账户的投资者提供了高效的交易途径。值得一提的是,以上基金都有场外份额,且可以在基金管理人处直接申购场外份额。

（二）场外基金

场外基金即非证券交易所上市交易的基金，其认购、申购、赎回途径包括：基金管理人直销渠道，以及具备代销资格的代销渠道，如银行、证券公司、第三方基金销售机构。

1）基金管理人直销渠道。一般在基金公司官方网站、官方 App、官方微信小程序都可以实现认购、申购、赎回，从直销渠道进行认购、申购、赎回的好处是可以节省资金在途的时间，通常来说整个交易过程会比代销渠道快1天。

2）具备代销资格的代销渠道。主要有银行、证券公司、第三方基金销售机构。银行是最常见的代销渠道之一，许多银行柜台、网上银行都有基金销售服务，投资者可以在其柜台或者网上银行挑选基金。证券公司也是重要的代销渠道，投资者可通过证券公司柜台、交易软件、证券公司 App 或者小程序等购买基金。第三方基金销售机构主要指互联网基金销售平台，如蚂蚁财富、天天基金等。这三类代销渠道各有优势：银行渠道有客户经理对投资者进行服务，有交流体验感，也可以了解其他投资品种，如保险、理财产品等；证券公司也有客户经理、投资顾问服务，同时还能提供一些行情分析报告供参考；第三方基金销售机构大多走互联网路线，在 App 上可以进行数据筛选和基金横向比较，能给线上投资者带来较好的用户体验。

投资者买基金，究竟是依靠直销渠道还是代销渠道，需要区别看待：如果有非常明确的投资目标，对拟投资的基金产品有一定的了解，并且有能力自主选择合适的基金，建议选择直销渠道，因为直销渠道费率相对更低；如果投资者尚无非常认可的产品或者公司，又不想只购买特定基金公司旗下的产品，建议选择服务质量和服务态度符合要求的代销渠道。总之，选择直销还是代销，需要取决于投资者的个人情况和对服务的偏好。

四、一些特殊类型的基金

一些特殊类型的基金产品，虽然无法被纳入上述三个分类维度中，但比较常见且重要。以下简单介绍 QDII 基金、FOF/MOM 基金和养老目标基金。这一连串的字母简称确实比较难懂，但看完下面的介绍之后，投资者就会对这些类型的产品有直观的概念了。

（一）QDII 基金

上文提到，QDII 即合格境内机构投资者（Qualified Domestic Institutional Investor）。我国政府允许内地居民通过委托合格境内机构投资者开展境外资本市场投资，QDII 基金是内地居民通过人民币投资境外证券市场为数不多的渠道。截至 2022 年底，QDII 基金的投资区域分布如下：中国香港（占比 65.11%）、美国（占比 24.41%）、中国内地（占比 7.87%），投资市值合计分别为 1,639.59 亿元、614.62 亿元和 198.23 亿元。从投资标的维度看，QDII 基金可以划分为股票型、混合型、债券型和另类型，其中股票型 QDII 基金的规模占 QDII 基金总规模的90%以上。投资者可以通过投资 QDII 基金实现全球范围内的资产配置。

投资 QDII 基金有一个重要的关键词：额度。根据我国现行的外汇管制制度，每人每年的购汇额度为等值 5 万美元。虽然通过 QDII 基金投资境外市场，并不会占用投资者的外汇额度，但并不代表可以通过 QDII 基金无限额地投资境外市场，因为发行 QDII 基金的基金公司本身有额度限制，每家基金公司的额度不一，一旦额度接近上限，很多基金公司会将旗下的 QDII 基金"关门谢客"，暂停开放申购。

（二）FOF/MOM 基金

1）基金中的基金（Fund of Funds，FOF），是一种将80%以上基金资产投资于基金的基金。FOF 基金与普通基金最大的区别是，普通基金以股票、债券等为主要投资标的，而它以基金为主要投资标的。简单说，就是基金专家（FOF 基金基金经理）挑选10只以上的好基金，按照设计好的投资策略打包在一起。如何选基，在不同市场情况下如何换基，如何构建一个风格丰富的组合，这些都是购买 FOF 基金时需要解决的问题。FOF 基金基金经理背后是基金管理人专业化的资产配置团队，用科学的投资框架、大量的数据、成熟的投资策略，再辅以现场调研，能够为投资者争取多维度的收益来源。

2）管理人中管理人基金（Manager Of Managers，MOM），是指基金经理可以将基金资产委托给两个或者两个以上外部投资顾问，基金经理负责选聘、考核、解聘投资顾问。简单来讲，投资 MOM 基金就是聘用了一个专业的管家，帮投资者把资金分配到多个投资管理人手里，以达到"多元资产、多元风格、多元投资管理人"的资产特征。多元资产配置和精选管理人的理念来自主权基金、险资、养老基金这些巨额资产管理者，MOM 基金管理模式曾经是这些巨额资产管理者独有的投资方式，运用 MOM 基金管理模式的资产在境外发展非常成熟，规模体量也非常大。自2020年第一批 MOM 基金面世以来，此类管理方式也惠及了广大普通投资者，有助于投资者配置多元风格、多元资产，实现资产、管理人的风险分散，提高投资胜率。

（三）养老目标基金

养老目标基金是一种特殊的 FOF 基金，以追求养老资产的长期稳健增值为目的，采用成熟的资产配置策略，合理控制投资组合波动风险。简单说，养老目标基金就是一类以养老为目的的 FOF 基金。

近年来，随着个人养老金制度的逐步完善，养老目标基金数量和规模都在不断增长。截至 2023 年 6 月，我国已成立养老基金共计 233 只，规模合计 872.53 亿元。

通过个人养老金账户投资养老基金的 Y 份额，可以享受税收优惠。根据 2022 年 11 月《国务院关于个人养老金有关个人所得税政策的公告》规定，投资者开立个人养老金账户，可以在缴费环节享受 12,000 元/年的税收优惠政策，通过个人养老金账户进行的投资不需要缴纳个人所得税，待退休领取个人养老金时仅需要按照 3% 的税率计算缴纳个人所得税即可。

作为首批纳入个人养老金投资的基金品种，养老目标基金看似数量繁多，实际上只有两大类：养老目标日期基金，养老目标风险基金。

如表 2-1 所示，养老目标风险基金在成立之初会设定一个目标风险水平，并在基金的整个生命周期里将资产配置维持在固定比例，以实现预先约定的风险水平。也就是说，基金合同中会约定权益仓位中枢和一个波动区间，目前监管要求波动区间的范围是 15%，向上波动 5%，向下波动 10%。比如权益中枢是 50%，则权益投资的区间范围是 40% ~55%。整体资产配置比例不会跟随投资者的退休时间而变化，此类基金通常带有保守型、稳健型（一般对应 1 年持有期）、平衡型（一般对应 3 年持有期）和积极型（一般对应 5 年持有期）等字样，以表明它所设定的目标风险水平。

表 2-1　养老目标风险基金设定的目标风险水平

目标风险水平	权益资产投资比例	目标客户
稳健	10% ~25%	力求资产稳定增值
平衡	40% ~55%	追求较高收益，能承担一定风险
积极	65% ~80%	追求高回报，能承担较高风险

通过基金名称就能很清楚地判断养老目标风险基金的差别，如"创金合信添福平衡养老目标三年持有期混合型发起式基金中基金（FOF）"，"平衡"

字样指的是 50% 权益中枢的产品，权益仓位不会超过 55%，"三年持有期"指的是每笔申购持有满 3 年就可随时赎回。

养老目标日期型基金多以退休年份命名，比如"养老 2055""养老 2045"等，这类基金假定投资者随着年龄的增加，风险承受能力会降低。因此，随着退休目标日期的临近，基金会逐步降低权益类资产的配置比例，增加非权益类资产的配置比例。待等到设置的目标日期之后，将转型成普通开放式 FOF 基金，一种方式是"到点式"，维持很低的权益仓位（0 ~ 25%），随时可以申赎；另一种方式是"穿点式"，到期后权益仓位持续下降一段时间。

如果你是 1980 年出生，现在 43 岁，假设 65 岁退休，就可以选择"2045"目标日期基金。如果你是 1990 年出生，现在 33 岁，就可以选择"2055"目标日期基金。

5 年持有期指的是每笔申购持有满 5 年就可随时赎回，且初始投资的权益仓位会比较高。一般来说，距离目标日期越长，初始权益仓位越高，有足够的权益仓位下行空间。

一般而言，目标风险型基金更适合明确知道自身风险偏好和风险承受能力，且具有一定理财经验和规划的投资者；追求高收益，同时又能够承受高风险的投资者，可以选择带有"积极"字样的养老目标基金；风险偏好较低的投资者，更适合带有"稳健"字样的养老基金产品。

目标日期基金适用于知道自己的退休时间、有资产配置需要但无暇进行资产配置的投资者，投资者只需进行一次操作，在此之后的大类资产配置、基金选择及组合监控等工作则全权委托给基金经理。

需要提醒的是，因产品结构的问题，QDII 基金、FOF/MOM 基金和养老目标基金的申赎效率会比普通的基金慢 2 ~ 3 个交易日。

本章小贴士

1. 选择基金的第一要务，是明确知道自身的风险偏好和风险承受能力。

2. 从最适合投资者投资实战的角度，可以按照持有方式、投资范围、交易场所、特殊类型 4 个维度对基金进行分类。

3. 有些类型的基金限制投资者的申购赎回，投资者一定要特别关注，务必要安排好资金的使用时间。

4. 如果没有特别看好的行业或者主题，可以购买全市场基金；如果没有特别看好的市场风格，可以投资未进行风格限定的基金；如果认为计算机程序选股比人选股靠谱，可以选择量化基金。

5. 买基金时选择哪种渠道，取决于投资者的个人情况和对服务的偏好，投资者对此要有全面的认知。

第三章

基金交易

导读：购买基金，加入基民大军

老刘是一个喜欢"赶时髦"的人。除了把钱存银行，他一直积极探索新的"生钱"方式。退休后，他在网上学习了很多理财知识，最后选定基金作为自己的投资工具。老刘逐步学会了基金账户的开户和销户，知道了如何申购、认购和赎回，并学会了怎样阅读基金法律文件，俨然一个合格的基民了。

谈起买基金，老刘说："我们老年人的生活压力不大，并且手上有一定的积蓄。买基金可以长期持有，不用每天关注，也不用频繁买卖，可以享受基金长期投资的收益，获得能与通货膨胀抗衡的回报，我觉得很适合我。"

本章将从实际操作的角度，介绍如何买卖基金，主要包括基金账户的开户和销户，基金的申购、认购和赎回，如何阅读基金的法律文件，以及在交易过程中可能遇到的转换和转托管问题。

一、基金账户的开户和销户

（一）开户

开户即开立基金账户，是投资者购买基金产品的第一步。投资者需要先通过基金公司官网、直销柜台、电子移动平台（如手机应用）等直销平台，或银行、证券公司、期货公司、独立基金销售机构等代销平台开立基金账户，才能进行场外的基金投资。

与基金投资相关的账户分为两类：基金账户，交易账户。基金账户由基金注册登记机构为投资者开立，主要记录投资者持有的基金份额及基金变更情况。一般而言，每个投资者在同一个注册登记机构只能开一个自建的基金账户。而交易账户由销售机构为投资者开立，主要记录投资者通过该销售机构买卖基金份额的变动和结余情况，每个投资者可以使用同一个基金账户，在不同的销售机构开立多个交易账户，交易账户的主要作用是区分投资者资金来源。

一般来讲，如果投资者在销售机构只绑定一张银行卡，在该销售机构就对应一个交易账户；如果投资者在销售机构绑定了多张银行卡，在该销售机构就对应多个交易账户。也就是说，交易账户与投资者银行卡密切相关，记录的是投资者不同银行卡的交易信息。当然，如果是基于一些特殊的业务场景，比如基金投顾业务，销售机构可能会为投资者开立其他交易账户，以更好地划分管理资产。

那么，为什么要通过交易账户记录投资者不同银行卡的交易信息？根据国家反洗钱相关法律法规的规定，一般来说，投资者资金要"同卡进出"，也就是投资者最初从哪张银行卡划转资金购买基金，赎回后就要确保资金回到最初的那张银行卡上。

了解清楚了与基金投资相关账户的分类，下面简单介绍一下究竟如何开立基金账户。投资者需备齐开户所需有效证件、银行卡和其他证明材料，通过基金公司官网、电子移动平台、直销柜台或代销平台办理开户手续。不同渠道的开户流程有所不同，一般来说，投资者在开立基金账户的过程中，要完成实名认证、投资者风险测评、反洗钱受益人评估、税收居民纳税声明、绑定银行账户等一系列手续。

以创金合信基金微信小程序开立直销账户为例，具体开户流程如下：登录"创金合信基金"微信小程序—通过手机号码一键注册登录—上传证件照片并填写基本信息，完成实名认证—添加银行卡—设置交易密码—完成风险测评—提交开户申请。

开户确认成功后，销售机构一般会在当天向投资者预留的手机号码发送开户确认成功短信，投资者也可以自行查询开户进度，在交易日当天17：00前提交的开户申请，可在下一个交易日通过开户渠道或者基金公司官网确认开户是否成功。交易日17：00以后或非交易日提交的开户申请，视为下一交易日的有效申请，需要在再下一个交易日后才能确认。

一般情况下，开立基金账户时提供的个人有效身份证件，可以是身份证、中国护照、港澳居民来往内地通行证、户口本、外国护照、港澳台居住证、台湾居民来往大陆通行证、外国人永久居留身份证、警官证等。原则上未成年人办理基金账户开户时，如果销售机构支持上传有法定监护关系的成年人作为监护人办理开户，基金管理人则可以为未成年人开立基金账户，否则无法开立。

开立基金账户不收取任何费用。通常情况下，基金账户开户当天即可购买基金，若当天开户申请确认失败，则当天基金购买申请也会确认失败。

投资者如果持有多家基金公司的基金产品，想要了解自己持有的全部基金产品，可以下载"基金E账户"App，并向所持有基金的任一家基金公司获取邀请码注册使用。"基金E账户"App由中国证券登记结算公司开发建设，经证监会批准，可以为投资者提供公募基金账户和份额的"一站式"查询服务。

投资者可通过持有基金的基金管理人的人工客服获取"基金E账户"App的注册邀请码，在手机官方应用商店下载"基金E账户"App，或通过中国证券登记结算公司官网—服务支持—业务资料—软件下载—"基金E账户"App下载链接进行下载，并按要求进行注册验证，即可轻松查询本人在全市场的基金份额持有情况。

（二）销户

投资者有权根据自身需要在满足基金账户注销条件下向基金管理人申请

注销已开立的基金账户，但在注销基金账户前，需满足以下4个条件：①基金账户未被冻结；②基金账户内无任何基金份额；③基金账户无尚待确认的交易申请；④基金账户无在途的分红权益等。

如同一投资者通过同一基金账户在多个销售机构处开立了交易账户，投资者应优先办理各销售机构处的相关赎回或权益确认手续，以确保开立在各销售机构的交易账户满足注销条件，基金账户注销申请方为有效。

以创金合信基金微信小程序直销账户注销流程为例，具体销户流程为：登录"创金合信基金"微信小程序—点击设置—注销信息—注销基金账户—阅读销户须知，并填写销户原因—输入交易密码—上传证件照片—签名确认，提交销户申请。销户申请提交成功后，客服人员会进行人工审核，人工审核通过后，将正式提交基金账户销户申请。

销售机构一般会在销户确认日向投资者预留手机号码发送销户确认成功短信，投资者也可以通过销户渠道查询销户进度。

二、基金的认购、申购和赎回

完成开户之后，就可以正常地进行基金申赎操作了。也许有人会问，那些基金份额究竟是通过什么方式转入所有人账户的？你知道怎样实际操作申购或赎回基金份额吗？

基金的交易大体上分为认购、申购、赎回、转换和转托管，本节主要介绍基金的认购、申购和赎回，本章最后一节会介绍转换和转托管的方法。

（一）认购

首次发售基金份额的阶段被称为基金募集期，投资者在基金募集期内购买基金份额的行为被称为认购。简单来说，如果基金公司正在发行一只新基金，投资者在募集期购买基金，就被称为认购。在获取证监会证监准予注册批复后，基金公司才会开展基金募集安排，募集面向对象为所有符合法规的投资者，募集时间按规定不超过 3 个月。

基金的认购起点各不相同。例如，创金合信基金旗下大部分基金认购和追加的起点为 1 元，投资者在募集期内（图 3-1）可多次进行认购申请，认购申请一旦被注册登记机构确认，就不再接受认购撤销申请。

图 3-1　创金合信基金认购募集期（App 截图，操作时间为 2023 年 6 月，下同）

在募集期间购买基金产生的费用为认购费，不同基金的认购费各不相同，见表3-1。一般情况下，股票型基金的认购费率大于债券型基金的认购费率；对于同一基金同一份额的认购费率随认购金额的增加而递减；同一基金有多个份额类别，A类份额收取认购费，C类份额不收取认购费。投资者在募集期内有多笔认购的，按逐笔认购金额分别计算适用认购费率。认购费从投资者的认购申请金额中扣除，认购费不列入基金财产，主要用于基金的市场推广、销售、注册登记等基金募集期间发生的各项费用。

表 3-1　基金的认购费率

认购金额 M（元）	认购费率（%）	
	非特定投资群体	特定投资群体
$M < 100$ 万	1.20	0.12
100 万 $\leq M < 200$ 万	0.60	0.06
200 万 $\leq M < 500$ 万	0.20	0.02
500 万 $\leq M$	固定收取 1,000 元/笔	

相对于认购费用，募集期间的认购也会产生相应收益，即认购期利息。基金合同生效前，基金投资者的认购款项只能存入专用账户，任何人不得动用。有效认购资金在募集期形成的利息在基金合同生效后折成投资者认购的基金份额，归投资者所有。利息转份额的具体数额以注册登记机构的记录为准。

投资者的认购确认分为两次：一次确认是在投资者认购申请后的下一工作日，用于确认认购的有效性，认购一旦确认，便无法撤单；二次确认是在基金募集结束日的下一工作日，用于确认投资者的认购份额。

净认购金额计算公式如下

$$净认购金额 = 认购金额 \div （1 + 认购费率）$$

或

$$净认购金额 = 认购金额 - 固定认购费金额$$

认购费用计算公式如下

$$认购费用 = 认购金额 - 净认购金额$$

或

$$认购费用 = 固定认购费金额$$

认购份额计算公式如下

$$认购份额 = （净认购金额 + 认购期利息）÷基金份额发售面值$$

认购费用以元为单位，计算结果按照四舍五入方法保留小数点后两位；认购份额计算结果按照四舍五入方法保留小数点后两位，由此误差产生的收益或损失由基金财产承担。

认购确认的结果有成功和失败，认购确认成功还分为全部确认和部分确认，部分确认的主要原因是认购额超过合同规定的募集上限，基金出现末日比例配售。在募集期内任何一天（含第一天）当日募集截止时间后累计有效认购申请金额超过该基金在发售公告公布限定募集规模金额，基金管理人将采取末日比例确认的方式实现规模的有效控制。当发生末日比例确认时，基金管理人将及时公告比例确认情况与结果。未确认部分的认购款项将在募集期结束后退还给投资者，由此产生的损失由投资者自行承担。

当发生部分确认时，末日投资者认购费率按照单笔认购申请确认金额所对应的费率计算，末日投资者认购申请确认金额不受认购最低限额的限制。最终认购申请确认结果以基金登记结算机构的计算并确认的结果为准。

某些时候会发生认购失败的情况，主要有以下4个方面的原因：

1）投资者认购的金额低于基金的最低认购起点，或者高于当日该基金对于单个投资者认购的累计限额。

2）进行认购申请的代销机构不在该基金的代销范围内。

3）认购申请超出认购基金的募集期间。

4）基金募集或成立失败。

发生认购失败的情况后，认购款项会在认购失败后的 1～2 个工作日内退回投资者账户。其中，募集或成立失败的认购款，除了退回投资者申请的认购款，还会退回投资者认购款在该期间产生的资金利息。

（二）申购

和认购不同，如果一只基金已经过了募集期和封闭期，投资者这时申请购买基金的行为就被称为申购。申购基金也会产生费用，就是申购费；申购费的计算及规则与认购费大致相同，只不过申购费率是独立于认购费率的。

不同基金的申购起点各不一致。以创金合信基金为例，大部分基金申购起点为 1 元，投资者在当日可多次进行申购申请，申购申请于申请日 15:00 前允许撤销申请，15:00 后的交易视为下一个工作日的申请。

申购基金确认份额时，需要根据基金的单位价格，也就是单位净值。所谓基金净值，一般指基金单位净值，是当前的基金总净资产与基金总份额的比值。基金的净值在每日收盘后计算，晚间公布。因此，场外基金的交易是未知价交易原则。也就是说，投资者申购和赎回时，是无法获取准确的成交净值的，因为交易日当天的净值晚上才会公布（货币基金、理财型基金除外）。

有投资者认为，净值越低的基金，相同资金申购能买到越多份额，因而上涨的空间越大。实际上基金业绩的好坏与净值高低无关。在同一时点，无论是价格低的基金还是价格高的基金，面临的市场条件都是相同的，基金未来的投资收益完全取决于基金管理人的投资水平，与目前基金的净值没有太大关系。基金的现有净值只是基金历史业绩的一种反映，并不代表基金的未来业绩。

与认购确认相同，申购确认同样存在失败的可能，主要有以下 5 个方面的原因：

1）投资者银行卡账户余额不足，扣款不成功导致确认失败。

2）投资者单笔或累计申购金额超过该基金的单日申购上限。

3）申购当天该基金暂停申购业务。

4）QDII 基金、港股基金在境外休市日暂停交易。

5）申购额小于该基金的最低购买金额。

这里简单总结一下申购与认购的差异：

1）购买时间不同。在基金募集期购买基金的行为是认购；在基金成立并开放申赎之后购买基金的行为是申购。

2）购买价格不同。新基金认购时基金单位价格，通常是 1 元/份；而基金申购采用未知价原则，价格通常不是 1 元/份。

3）赎回条件不同。认购的资金需要在募集期及封闭期结束后才能赎回；而申购的资金通常在下一个交易日即可赎回（需注意短期持有需支付大额赎回费，根据证监会流动性新规规定，对货币型基金与交易型开放式指数基金以外的开放式基金，对持续持有期少于 7 日的投资者收取不低于 1.5% 的赎回费）。

4）费率可能不同。基金公司会设定不同档次的认购费率和申购费率，投资金额相同时，认购费率和申购费率也可能有所不同。

（三）赎回

赎回，通俗来讲就是投资者将所持有基金按公布的价格卖出，退出基金投资，并回收现金。赎回采用份额申请、未知价确认的方式，一般情况下遵循"先进先出"原则，即按照投资者申（认）购的先后次序进行顺序赎回。

赎回金额的计算公式如下

赎回金额 = 赎回份额 × 赎回当天基金净值 − 赎回费

赎回费的计算公式如下

$$赎回费 = 赎回份额 \times 赎回当天基金净值 \times 赎回费率$$

赎回费率与份额持有期时长成反比关系，持有期限越长，赎回费率越低，甚至可以免收赎回费。持有期时长的计算方式见表3-2。

表3-2 持有期时长的计算方式

持有开始时间计算		
交易类型	基金类型	开始计算持有时间
基金认购	所有基金	基金成立日
基金申购/定投/转入	普通基金	T + 1 日
	QDII 基金	T + 2 日
	FOF 基金	T + 2 日
红利再投	FOF 基金	继承原份额确认日期
持有结束时间计算		
交易类型	基金类型	开始不计算持有时间
基金赎回/转出	普通基金	T + 1 日
	QDII 基金	T + 2 日
	FOF 基金	T + 2 日

注：T 日为交易申请日（不计算周末、节假日）。

部分类型的基金由于受基金持有方式的限制，导致一定时间或者长期不能赎回。这些类型的基金包括最短持有期型基金、滚动持有期型基金和定期开放式基金，与之相关的内容在基金分类中有介绍，可以通过基金名称快速识别这些基金，此处不再赘述。

赎回也有部分确认或确认失败的可能，当触发巨额赎回时，大部分基金在基金招募说明书中会约定触发巨额赎回的比例。例如，在单个开放日，基金净赎回申请超过上一工作日基金总份额的 10% 时，即为巨额赎回。在发生巨额赎回的情况下，基金公司可以按比例确定当日受理的赎回份额。对于未受理的份额，按客户是选择放弃赎回还是延迟到下一个工作日，继续受理赎回申请。

除此之外，赎回确认失败的常见原因有：①理财型基金只能在到期日赎回，其他时候赎回会确认失败；②赎回的基金处于封闭期；③QDII 基金在境外休市日暂停交易；④T 日购买基金一般 T + 2 日可以赎回，QDII 基金一般 T + 3 日可以赎回；⑤部分渠道赎回要求 100 份起，具体以各个渠道的规则为准。

赎回费和申/认购费还有一点不同，就是赎回费扣除之后会计入基金净值。换句话说，持有人赎回基金交的赎回费，会成为其他持有人的收益。这其中会出现大额赎回造成基金净值大幅波动的情况，主要发生在债券型基金上，详见第五章。

另外，前文提到，场外基金的交易可以在不同的销售渠道进行，场外大体分为直销和代销两类。一般情况下，基金直销和代销不会影响基金投资的风险和收益，但存在一些差异，主要表现在以下几点：

1）申购费用差异。不同平台的申购费用有差异，大部分管理人对于直销平台免收认/申购费用或进行打折，代销平台一般依据产品的热度或者活动进行认/申购费用折扣优惠。

2）基金品种差异。基金直销只能选择该基金公司旗下的基金，如选多家基金公司旗下的基金，需分别使用不同公司官方平台申购；基金代销可以选择多家基金公司的产品进行交易，每家代销机构所代销的基金产品各不相同。

3）转换范围差异。直销一般只支持同一管理人同一注册登记机构下的基金互相转换，部分代销机构可支持超级转换，处理跨注册登记机构跨管理人的基金转换。

4）客户群体差异。直销平台分为电子销售平台和柜台，电子销售平台指网上销售机构，如 App、小程序等，一般面向个人投资者；柜台指投资者临柜办理业务，主要面向机构或者大额投资者。代销机构主要分为银行、电商、券商，客户群体视本身的业务体系会有不同。

5）资金效率差异。认购期利息，直销渠道购买的投资者认购款，在 T +
1 日认购交易确认有效后开始计息；代销渠道购买的投资者认购款，代销渠
道一般在 T + 2 日将认购款划往管理人，此后才开始计息。赎回款上，管理人
将赎回款划给各销售机构后，直销当日将赎回款划给投资者，代销机构一般
当日或下一个工作日划给投资者。

三、如何阅读基金的法律文件

掌握了基金的开户流程和申购、赎回方法，就可以轻松参与基金投资了。
但对于新手来说，能做和做得好之间还有很大的距离，想要研究基金市场、
不断提升投资体验，特别是要避开基金投资过程中的各种意想不到的"坑"，
要学习的内容还有很多。其中首要的，就是要学会阅读与基金相关的法律
文件。

"你知道公募基金有哪些法律文件吗？你买公募基金前会看基金的法律
文件吗？"如果你向基金小白抛出这个问题，大概率会得到三种答案：

小 A：什么法律文件？还有法律文件？

小 B：知道，但是大几百页哪有时间看，销售经理给我讲解就行啦！

小 C：知道，但是只看大概。

如果你是小 A，建议认真阅读本节，将会对基金的法律文件有整体的了
解。如果你是小 B，看完本节就可以不依赖销售经理，自己就能获取所需要
的基金信息了。如果你是小 C，恭喜你已经打败90%的小白投资者，读完本
节你将获得更实用的实操技能，可以给你的小白朋友答疑解惑了。

学会阅读投资产品的法律文件，不仅可以增强对产品的理解，还有助于
保护自己的合法权益。无论你是有私人理财经理的线下客户，还是通过各类

App购买基金的线上客户，但凡不要求你阅读法律文件的销售渠道，都应该提起警惕。投资者要谨防购买与自己风险承受能力不相符的金融产品，以免遭受财产损失。基金法律文件的篇幅虽然较长，但是章节分布清晰，并且都有固定结构，只要了解其大体结构，就能按照自己的需求检索和快速定位相关内容，降低阅读难度。

基金产品发售前，通常会公布四种主要法律文件，即基金合同、基金招募说明书、基金份额发售公告、基金托管协议。

1）基金合同是为设立投资基金而订立的、主要用于明确基金当事人各方权利和义务关系的书面文件，约定了基金份额持有人、基金管理人和基金托管人的权利、义务等。投资者缴纳基金份额认购款项时，即表明其对基金合同的承认和接受，此时基金合同成立。

2）基金招募说明书是投资者了解基金的最基本也是最重要的文件之一，是投资前的必读文件。在基金招募说明书中，投资者可以充分了解基金的相关服务机构、申购/赎回规则、投资范围、投资策略、投资目标等重要信息，对于全面认识基金的风险收益特征和产品特性有重要帮助。

3）基金发售公告集中展示和本次基金发售认购相关的所有信息，如产品名称、代码、份额类别、发售机构、发售对象、发售时间、发售方式、认购费用、开户与认购程序，以及其他重要的相关事项。

4）基金托管协议是为明确基金管理人和基金托管人之间的权利义务关系而签署的协议，协议中一般会明确基金管理人与基金托管人之间在基金财产的保管、投资运作、净值计算、收益分配、信息披露及相互监督等相关事宜中的权利、义务及职责，确保基金财产的安全，保护基金份额持有人的合法权益。

这四种法律文件的内容侧重点各有不同，其中与投资者密切相关的是前三种法律文件，即基金合同、基金招募说明书、基金发售公告。接下来以创金合信中证红利低波动指数发起式证券投资基金为例，着重讲解以上三种法律文件的重要信息。

（一）基金合同

首先，简单介绍一下基金合同的各部分内容，及投资者需要关注的重点信息。

1. 前言

合同的第一部分是前言，清晰地约定了投资者缴纳基金份额认购款项时的权利和义务。

基金合同前言示例如图 3-2 所示。

2. 释义

因为法律文件中有很多专用概念和基金行业通用定义，阅读释义有助于更好地读懂基金合同。初读基金招募说明书时，建议详细阅读，比如以下几个定义可能与投资者的常规认知不太一样，如果是资深投资者，则可以跳过这一部分。

工作日（交易日）：指上海证券交易所、深圳证券交易所的正常交易日。 法定假期调休形成的工作日（如周日补班）一般不是交易日，当日委托买卖公募基金算是下一工作日的交易买卖，会按照下一工作日的净值进行计算。

基金份额净值：指计算日基金资产净值除以计算日基金份额总数。 也就是常说的单位净值，可以理解成每个交易日每份基金的价格，用于计算申购份额和赎回金额。

T 日：指销售机构在规定时间受理投资者申购、赎回或其他业务申请的开放日。 弄明白 T 日，对于判断交易以多少单位净值成交、赎回会收取多少赎回费等至关重要。通常来讲除了认购业务，申购、赎回及其他业务都需要在交易日 15：00 前（T 日）发起交易申请，才能按照当日的单位净值确认，

创金合信中证红利低波动指数发起式证券投资基金　　　　基金合同

第一部分　前言

一、订立本基金合同的目的、依据和原则

1、订立本基金合同的目的是保护投资人合法权益，明确基金合同当事人的权利义务，规范基金运作。

2、订立本基金合同的依据是《中华人民共和国合同法》(以下简称"《合同法》")、《中华人民共和国证券投资基金法》(以下简称"《基金法》")、《公开募集证券投资基金运作管理办法》(以下简称"《运作办法》")、《证券投资基金销售管理办法》(以下简称"《销售办法》")、《证券投资基金信息披露管理办法》(以下简称"《信息披露办法》")、《公开募集开放式证券投资基金流动性风险管理规定》(以下简称"《流动性风险管理规定》")和其他有关法律法规。

3、订立本基金合同的原则是平等自愿、诚实信用、充分保护投资人合法权益。

二、基金合同是规定基金合同当事人之间权利义务关系的基本法律文件，其他与基金相关的涉及基金合同当事人之间权利义务关系的任何文件或表述，如与基金合同有冲突，均以基金合同为准。基金合同当事人按照《基金法》、基金合同及其他有关规定享有权利、承担义务。

基金合同的当事人包括基金管理人、基金托管人和基金份额持有人。基金投资人自依本基金合同取得基金份额，即成为基金份额持有人和本基金合同的当事人，其持有基金份额的行为本身即表明其对基金合同的承认和接受。

图 3-2　基金合同前言示例（截图，下同）

否则都算作下一个交易日（T+1 日）的申请，只能按照下一个交易日（T+1 日）的单位净值成交。如果在周五的 15:00 后发起交易申请，等于下周一才发起申请，可能会影响投资安排。

T+N日：指自 T日起第 N个工作日（不包含 T日），N为自然数。 搞清楚购买的产品是 T+N 确认的，就可以了解什么时候开始持有份额及什么时候可以收到赎回的资金。比如，购买的产品是 T+1 日确认，即 T 日发起申购

申请，T+1日开始持有份额；T日发起赎回申请，T+1日的份额减少，并在T+1日之后收到赎回资金。同理，对于一些FOF基金和QDII基金，确认日通常是T+2日以上，所以在T+2日开始持有份额或者收到赎回资金（赎回资金具体到账时间还取决于资金交收规则，一般为7个工作日内）。

3. 基金的基本情况

基金的基本情况如图3-3所示。通过快速浏览该部分，就能知道所要购买基金的产品名称、类型、份额类别、投资目标和起投金额等，从而确定适合自己的份额类别。通常来讲，A类份额购买门槛较低，收取认购/申购费，但不收取销售服务费；C类份额购买门槛稍高，不收取认购/申购费，但收取销售服务费。

4. 基金份额的发售

这一部分用于约定基金认购的基本业务规则，一般需要配合基金份额发售公告和基金招募说明书一起阅读，将在后面展开说明。

5. 基金份额的申购与赎回规则

这部分信息量比较大，涵盖申购与赎回的原则、程序、费用计算方法、拒绝或暂停申购的情形、暂停赎回或延缓支付赎回款项的情形、巨额赎回的情形及处理方式、申赎之外的其他业务的处理方式等。详读本部分可以帮助投资者了解每笔交易的确认过程，当交易被注册登记机构确认失败时也有据可依。

6. 基金的费用与税收

这部分主要约定基金费用的种类、计提方法、计提标准和支付方式。基金费用的种类有很多，其中投资者能直观看到的是认/申购和赎回费，也就是俗称的手续费。不能直观看到的费用有销售服务费、托管费、管理费等，由管理人每日计提，通过基金净值体现，对于投资者而言即持有一天收取一天。

第三部分　基金的基本情况

一、基金名称

创金合信中证红利低波动指数发起式证券投资基金

二、基金的类别

股票型证券投资基金

三、基金的运作方式

契约型开放式

四、基金的投资目标

紧密跟踪业绩比较基准，追求跟踪偏离度和跟踪误差的最小化。

五、标的指数

中证红利低波动指数

六、基金的最低募集份额总额

本基金的最低募集份额总额为 1000 万份。

七、基金份额发售面值和认购费用

本基金基金份额发售面值为人民币 1.00 元。

本基金A类基金份额收取前端认购费用，C类基金份额不收取认购费用。本基金A类基金份额具体认购费率按招募说明书的规定执行。

图 3-3　基金的基本情况示例

通过阅读基金合同，投资者能够对购买该基金可以享有的权利、需要遵循的业务规则有较清晰的认知。对于到底多少元起购、申赎会收取多少费用、是否有封闭期等，可以查阅该产品的基金招募说明书。

（二）基金招募说明书

基金招募说明书旨在充分说明可能对投资者做出投资判断产生重大影响的一切信息，详细列示管理人情况、托管人情况、基金销售渠道、申购和赎回的方式及价格、费用种类及费率信息、基金的投资目标、会计核算原则，收益分配方式等。

通过阅读《创金合信中证红利低波动指数发起式证券投资基金招募说明书》"六、基金的募集"章节，我们可以知道投资者 T＋2 日可以查看自己的认购是否成功；首次起购金额为 10 元，单人累计认购不能超过基金总规模的一半，超出部分将被确认失败；A 类份额收取认购费，购买 100 万元（不含）以下的认购费率为 1.2%，C 类不收认购费，但是按日收取销售服务费，募集期或产生的利息折算成份额，归投资者所有。

现在某投资者（非特定投资群体）投资 100,000 元认购本基金 A 类基金份额，对应费率为 1.2%，在募集期间产生利息 50.00 元，则其可得到的认购总份额计算公式为

净认购金额 ＝100,000.00/（1＋1.2%）＝98,814.23（元）

认购费用 ＝100,000.00－98,814.23＝1,185.77（元）

认购份额 ＝98,814.23/1.00＝98,814.23（份）

利息折算份额 ＝50/1.00＝50.00（份）

认购总份额 ＝98,814.23＋50.00＝98,864.23（份）

也就是说，该投资者（非特定投资群体）投资 100,000 元认购本基金 A 类基金份额，对应费率为 1.2%，加上认购款项在认购期间获得的利息折算的份额，可得到 98,864.23 份 A 类基金份额。

基金招募说明书基本情况部分示例如图 3-4 所示。

（七）基金认购费用

1、认购费率

（1）认购费率

本基金 A 类基金份额对通过直销机构认购的特定投资群体与除此之外的其他投资者实施差别的认购费率。

特定投资群体指全国社会保障基金、依法设立的基本养老保险基金、依法制定的企业年金计划筹集的资金及其投资运营收益形成的企业补充养老保险基金（包括企业年金单一计划以及集合计划），以及可以投资基金的其他社会保险基金。如将来出现可以投资基金的住房公积金、享受税收优惠的个人养老账户、经养老基金监管部门认可的新的养老基金类型，基金管理人可将其纳入特定投资群体范围。

基金管理人可根据情况变更或增减特定投资群体认购本基金的销售机构，并按规定予以公告。

通过直销机构认购本基金 A 类基金份额的特定投资群体的认购费率如下表所示：

认购金额	A 类基金份额认购费率
100 万元（不含）以下	0.12%
100 万元（含）－200 万元（不含）	0.06%
200 万元（含）－500 万元（不含）	0.02%
500 万元（含）以上	按笔固定收取 1,000 元

其他投资者认购本基金 A 类基金份额的认购费率如下表所示：

认购金额	A 类基金份额认购费率
100 万元（不含）以下	1.20%
100 万元（含）－200 万元（不含）	0.60%
200 万元（含）－500 万元（不含）	0.20%
500 万元（含）以上	按笔固定收取 1,000 元

本基金 C 类基金份额不收取认购费，而是从本类别基金资产中计提销售服务费。

（2）投资人重复认购，须按每笔认购所对应的费率档次分别计费。

（3）基金认购费用不列入基金财产，主要用于基金的市场推广、销售、注册登记等募集期间发生的各项费用。

（4）各销售机构销售的份额类别以其业务规定为准，敬请投资者留意。

图 3-4　基金招募说明书基本情况部分示例

产品募集结束并获取证监会批复的备案函后，基金合同正式生效。通过阅读"八、基金份额的申购与赎回"章节（图 3-5），投资者可知道自基金合同生效之日起不超过 3 个月可以办理赎回，但具体日期需要关注开放公告。

（六）申购费用和赎回费用

1、申购费率

（1）A类基金份额的申购费率

本基金对通过直销机构申购的特定投资群体与除此之外的其他投资者实施差别的申购费率。

通过直销机构申购本基金A类基金份额的特定投资群体的申购费率如下表所示：

申购金额	A类基金份额申购费率
100万元（不含）以下	0.15%
100万元（含）—200万元（不含）	0.08%
200万元（含）—500万元（不含）	0.03%
500万元（含）以上	按笔固定收取1,000元

其他投资者申购本基金A类基金份额的申购费率如下表所示：

申购金额	A类基金份额申购费率
100万元（不含）以下	1.50%
100万元（含）—200万元（不含）	0.80%
200万元（含）—500万元（不含）	0.30%
500万元（含）以上	按笔固定收取1,000元

（2）在申购费按金额分档的情况下，如果投资者多次申购，申购费适用单笔申购金额所对应的费率。

（3）本基金C类基金份额不收取申购费。

2、赎回费率

（1）A类基金份额的赎回费率

特定投资群体与其他投资者投资A类基金份额的赎回费率按相同费率执行，赎回费率如下表所示：

持有时间	A类基金份额的赎回费率
7日（不含）以下	1.50%
7日（含）—30日（不含）	0.75%
30日（含）—180日（不含）	0.50%
180日（含）以上	0

投资者可将其持有的全部或部分A类基金份额赎回。对持有期少于30日（不含）的A类基金份额持有人所收取赎回费用全额计入基金财产；对持有期在30日以上（含）且少于90日（不含）的A类基金份额持有人所收取赎回费用总额的75%计入基金财产；对持有期在90日以上（含）且少于180日（不含）的A类基金份额持有人所收取赎回费用总额的50%计入基金财产；赎回费未归入基金财产的部分用于支付市场推广、注册登记费和其他手续费。

（2）C类基金份额的赎回费率

特定投资群体与其他投资者投资C类基金份额的赎回费率按相同费率执行，赎回费率如下表所示：

持有时间	C类基金份额的赎回费率
7日（不含）以下	1.50%
7日（含）—30日（不含）	0.5%
30日（含）以上	0

投资者可将其持有的全部或部分C类基金份额赎回。对C类基金份额持有人所收取赎回费用全额计入基金财产。

图3-5 基金份额的申购与赎回的费用示例

赎回时，根据不同的持有天数匹配不同的赎回费率。法规规定，持有小于 7 天的，按照赎回确认金额的 1.5% 收取赎回费；持有大于 7 天的，根据不同的产品设置不同费率，持有时间越长，赎回费率越低，这是鼓励投资者长期持有。

某投资者赎回 10,000 份 C 类基金份额，假设该笔份额持有期限为 20 日，则对应的赎回费率为 0.5%，假设赎回当日 C 类基金份额净值是 1.016,0 元，则其可得到的赎回金额为

赎回费用 $= 10,000 \times 1.016,0 \times 0.5\% = 50.80$（元）

赎回金额 $= 10,000 \times 1.016,0 - 50.80 = 10,109.20$（元）

即：投资者在持有 20 日后赎回 10,000 份 C 类基金份额，对应的赎回费率为 0.5%，假设赎回当日 C 类份额基金份额净值是 1.016,0 元，则其可得到的赎回金额为 10,109.20 元。

除此之外，法规规定基金招募说明书要定期更新。通常，自基金合同生效之日起，每 6 个月更新一次，并于 6 个月结束之日后的 45 日内公告，更新内容截至 6 个月的最后一日。因此，投资者在阅读基金招募说明书时，应该选择最近日期更新的版本，以确保所获取的信息都是最新的。

另外，证监会为保护广大投资者的利益，最大限度揭示风险，于 2019 年发布了《公开募集证券投资基金信息披露管理办法》（以下简称《管理办法》）及相关配套规则，自 2019 年 9 月 1 日起施行。《管理办法》强调简明性与易得性，引入基金产品资料概要，提高投资者服务水平。

基金产品资料概要作为基金招募说明书的组成部分，经过概括、精简后，由产品概况、基金投资与净值表现、投资本基金涉及的费用、风险揭示与重要提示、其他资料查询方式、其他情况说明 6 个部分组成。篇幅一般在 10 页以内，供投资者在购买产品前快速掌握产品核心信息，如果投资者实在没有时间阅读基金合同和基金招募说明书，那至少要认真阅读基金产品资料概要，这将有助于更好地做出投资决策。

基金产品资料概要示例如图 3-6 所示。

创金合信中证红利低波动指数发起式证券投资基金(A类份额)基金产品资料概要更新

编制日期：2023年05月30日

送出日期：2023年07月11日

本概要提供本基金的重要信息，是招募说明书的一部分。

作出投资决定前，请阅读完整的招募说明书等销售文件。

一、产品概况

基金简称	创金合信中证红利低波动指数	基金代码	005561
基金简称A	创金合信中证红利低波动指数A	基金代码A	005561
基金管理人	创金合信基金管理有限公司	基金托管人	招商银行股份有限公司
基金合同生效日	2018年04月26日	上市交易所及上市日期	暂未上市
基金类型	股票型	交易币种	人民币
运作方式	契约型开放式	开放频率	每个开放日
基金经理	开始担任本基金基金经理的日期		证券从业日期
孙悦	2020年09月09日		2017年07月03日
董梁	2022年03月29日		2003年12月01日
其他	基金合同生效日的第三个年度对日，若基金资产净值低于二亿元的，基金合同自动终止，同时不得通过召开基金份额持有人大会延续基金合同期限。若届时的法律法规或中国证监会规定发生变化，上述终止规定被取消、更改或补充时，则本基金可以参照届时有效的法律法规或中国证监会规定执行。《基金合同》生效满三年后继续存续的，连续二十个工作日出现基金份额持有人数量不满二百人或者基金资产净值低于五千万元的，基金管理人应在定期报告中予以披露；连续六十个工作日出现前述情形的，基金管理人应当向中国证监会报告并提出解决方案，如转换运作方式、与其他基金合并或者终止基金合同等，并召开基金份额持有人大会进行表决。法律法规或中国证监会另有规定时，从其规定。		

图3-6 基金产品资料概要产品概况示例

（三）基金公告

除了阅读基金合同和基金招募说明书，还需要阅读基金公告，以获取业务办理的具体时间或与基金相关的其他信息更新。基金公告一般分为发售公告、临时公告和定期公告三类。产品发售前，会以发售公告的形式列明产品募集期、募集规模上限、认购费率、发售机构、开户与认购程序等具体信息。常见的临时公告有产品开放公告、暂停交易公告、暂停大额交易公告、费率优惠公告、分红公告等，主要用于向投资者披露产品相关的临时信息，便于投资者合理安排投资。常见的定期公告有季报、半年报和年报，主要披露产品运作情况。

发售公告示例如图 3-7 所示。

创金合信中证红利低波动指数发起式证券投资基金　　　　基金份额发售公告

重要提示

1、创金合信中证红利低波动指数发起式证券投资基金（以下简称“本基金”）已获中国证监会证监许可〔2017〕2158 号文准予注册。

2、本基金的基金管理人和登记机构为创金合信基金管理有限公司（以下简称“本公司”），基金托管人为招商银行股份有限公司。

3、本基金为股票型证券投资基金，基金运作方式为契约型开放式。

4、本基金将自 2018 年 4 月 9 日至 2018 年 4 月 20 日通过本公司直销渠道（直销柜台及微信直销平台）和非直销渠道公开发售。

5、本基金的发售对象包括符合法律法规规定的可投资于证券投资基金的个人投资者、机构投资者、合格境外机构投资者、发起资金提供方，以及法律法规或中国证监会允许购买证券投资基金的其他投资人。

6、本基金不设募集规模上限。

7、本基金根据所收取费用的差异，将基金份额分为不同的类别。收取前端认购费、前端申购费，但不计提销售服务费的基金份额类别为 A 类基金份额；不收取认购费、申购费，而是从本类别基金资产中计提销售服务费的基金份额类别为 C 类基金份额。

8、在本基金募集期内，投资者通过非直销销售机构及基金管理人微信直销平台认购，单个基金账户单笔最低认购金额为 10 元（含认购费），追加认购每笔最低金额为 1 元（含认购费），实际操作中，对最低认购限额及交易级差以销售机构的具体规定为准。通过本基金管理人直销柜台认购，单个基金账户的首次最低认购金额为 50,000 元（含认购费），追加认购单笔最低金额为 10,000 元（含认购费）。

基金募集期间单个投资人的累计认购金额没有限制。按照本基金各类基金份额合并计算，如单个投资人累计认购的基金份额数达到或者超过基金总份额的 50%，基金管理人可以采取比例确认等方式对该投资人的认购申请进行限制。基金管理人接受某笔或者某些认购申请有可能导致投资者变相规避前述 50%比例要求的，基金管理人有权拒绝该等全部或者部分认购申请。法律法规另有规定的，从其规定。投资人认购的

1

图 3-7　发售公告示例

开放公告示例如图 3-8 所示。

创金合信中证红利低波动指数发起式证券投资基金开放日常申购、赎回、转换和定期定额投资业务的公告

公告送出日期：2018年5月15日

1.公告基本信息

基金名称	创金合信中证红利低波动指数发起式证券投资基金	
基金简称	创金合信中证红利低波动指数	
基金主代码	005561	
基金运作方式	契约型开放式	
基金合同生效日	2018-4-26	
基金管理人名称	创金合信基金管理有限公司	
基金托管人名称	招商银行股份有限公司	
基金登记机构名称	创金合信基金管理有限公司	
公告依据	《中华人民共和国证券投资基金法》、《公开募集证券投资基金运作管理办法》、《创金合信中证红利低波动指数发起式证券投资基金基金合同》、《创金合信中证红利低波动指数发起式证券投资基金招募说明书》等	
申购起始日	2018-5-17	
赎回起始日	2018-5-17	
转换转入起始日	2018-5-17	
转换转出起始日	2018-5-17	
定期定额投资起始日	2018-5-17	
各份额类别的基金简称	创金合信中证红利低波动指数A	创金合信中证红利低波动指数C
各份额类别的基金代码	005561	005562
该份额类别是否开放申购、赎回、转换及定期定额投资	是	是

图 3-8　开放公告示例

暂停大额交易公告示例如图 3-9 所示。

创金合信中证红利低波动指数发起式证券投资基金暂停大额申购、大额转换转入业务的公告

公告送出日期：2019年08月09日

1.公告基本信息

基金名称	创金合信中证红利低波动指数发起式证券投资基金	
基金简称	创金合信中证红利低波动指数	
基金主代码	005561	
基金管理人名称	创金合信基金管理有限公司	
公告依据	《中华人民共和国证券投资基金法》、《公开募集证券投资基金运作管理办法》、《创金合信中证红利低波动指数发起式证券投资基金基金合同》、《创金合信中证红利低波动指数发起式证券投资基金招募说明书》等	
暂停相关业务的起始日、金额及原因说明		
暂停大额申购起始日	2019年08月12日	
暂停大额转换转入起始日	2019年08月12日	
限制申购金额（单位：元）	3,000,000.00	
限制转换转入金额（单位：元）	3,000,000.00	
暂停大额申购、转换转入、赎回、转换转出和定期定额投资的原因说明	为保护基金份额持有人利益	
下属分级基金的基金简称	创金合信中证红利低波动指数A	创金合信中证红利低波动指数C
下属分级基金的交易代码	005561	005562
该分级基金是否暂停大额申购、转换转入、赎回、转换转出和定期定额投资	暂停大额申购、大额转换转入	暂停大额申购、大额转换转入

图 3-9 暂停大额交易公告示例

　　下面以创金合信中证红利低波动指数发起式证券投资基金为例，通过几个购买渠道展示重要信息的获取方式。

情景一：在管理人自营 App 上购买基金

在创金合信基金微信公众号中搜索产品名字：创金合信中证红利低波动指数发起式证券投资基金，出现基金行情页，详细展示基金不同时间段的历

a）搜索界面

b）基金详情界面

图 3-10　创金合信微信公众号产品信息示例

史投资表现，下滑可以看到交易规则信息，对应基金招募说明书中的申购、赎回条款，更加直观地将法律文件中的规则转换成对应的日期时间，供投资者参考，示例如图 3-10 所示。

c）交易规则展示界面　　　　　　　　　d）买入规则展示界面

（操作时间为 2023 年 6 月，下同）

e）卖出规则展示界面

图 3-10　创金合信微信公众号产品信息示例（操作时间为 2023 年 6 月，下同）（续）

　　继续下滑可以看到法律文件、基金公告信息，点击可以查阅本章所述基金合同、托管协议、概要信息、基金公告等信息，如图 3-11 所示。

图 3-11 创金合信微信公众号产品信息示例

按上述步骤完成阅读，确定需要购买该产品后，点击"立即购买"跳转到购买界面（图 3-12a），在购买界面下方，会再次提醒投资者认真阅读产品重要信息（图 3-12b），勾选已阅读并同意的按钮之后方可进行购买，如此就完成了一笔交易。

a）购买界面

b）再次提示阅读产品重要信息

图 3-12　创金合信微信公众号产品购买示例

虽然各个渠道的界面设计有所不同，但必须包含上述内容。下面看一下其他渠道的界面。

情景二：某销售平台购买基金

某销售平台购头基金流程如图 3-13 所示。

a）某销售平台搜索界面　　　　　　b）产品详情界面

图 3-13　某销售平台 App 产品购买示例

17:03   •ıll 5G

<   **基金档案**

| 概况 | 公告 | 持仓 | 行业 | 分红送配 |

| 全部 | 发行运作 | 定期报告 | 其他公告 |

07-11   创金合信中证红利低波动指数发起式证券投资基金(2023年7月)招募说明书(更新)

07-21   创金合信中证红利低波动指数发起式证券投资基金（2022年7月）招募说明书（更新）

07-21   创金合信基金管理有限公司关于修改旗下部分基金基金合同的公告

07-21   创金合信中证红利低波动指数发起式证券投资基金基金合同（2022年7月修订）

07-21   创金合信中证红利低波动指数发起式证券投资基金托管协议（2022年7月修订）

07-11   创金合信中证红利低波动指数发起式证券投资基金（2022年7月）招募说明书（更新）

03-31   创金合信中证红利低波动指数发起式证券投资基金（2022年3月）招募说明书（更新）

07-22   创金合信中证红利低波动指数发起式证券投资基金（2021年7月）招募说明书（更新）

07-13   创金合信中证红利低波动指数发起式证券投资基金（2021年7月）招募说明书（更新）

c）重要文件界面

17:03   •ıll 5G

<   **交易规则**

◁» 持有时长少于7天，基金公司将收取1.5%手续费... >

| 买入规则 | 卖出规则 |

买入流程

T日 ———————— T+1 ———————— T+1当日净值更新后
买入提交   确认份额   查看盈亏

● T日：交易日，以每天15:00为界限，15:00(不含)之前为T日，15:00(含)及之后为T+1日。周末和法定节假日属于非交易日，以支付成功时间为准。

● T日申请，将按T日基金净值确认份额。份额确认当日，基金净值更新后即可查看首笔盈亏。开放赎回的基金在买入确认后下一T日可卖出。

买入费率（前端申购）

金额		优惠费率
0≤买入金额<100万	~~1.50%~~	0.15%
100万≤买入金额<200万	~~0.80%~~	0.08%
200万≤买入金额<500万	~~0.30%~~	0.03%
500万≤买入金额	1000元	1000元

申购计算：

净申购金额=申购金额/(1+申购费率)

申购费用=申购金额-净申购金额

d）买入交易规则界面

图 3-13   某销售平台

<　　　　　　　买入

◎ 创金合信中证红利低波动指数A

持有273天(含)以上，购买本基金A类费用低　　点击查看

⊘ 资金安全有保障 ＞

买入金额　　　　　　　　　　　　　交易规则

¥ 最低买入10.00元

| 3000元 | 8000元 | 20000元 |

买入费率~~1.50%~~ 0.15%，预计11月09日(星期四)以11月08日(星期三)净值确认份额(关于销售服务费、赎回费等详见交易规则)

付款方式　　　　　　　　　　　　　余额宝 ＞

产品概要

◎ 为了保障您的投资权益，在做出投资决定前，请您阅读完整的招募说明书等文件。

请勾选

○ 点击确定即代表您已知悉该基金的产品概要和投资人权益须知等相关内容

确　定

e）购买界面

App 产品购买示例（续）

情景三：某银行 App 内购买基金

某银行 App 内购买基金流程如图 3-14 所示。

a）某银行 App搜索界面 b）产品详情界面

图 3-14　某银行

c) 交易规则界面

交易规则页

购买规则　　　　　　　　赎回规则

目前开放申购

购买	基金公司确认	可查看持仓
T日	T+1日	T+1日
11-08 15:00前	11-09	11-09

认购

购买金额	手续费
认购金额≥500万元	每笔1000元
认购金额<100万元	1.2%
100万元≤认购金额<200万元	0.6%
200万元≤认购金额<500万元	0.2%

申购 前端收费

购买金额	手续费
申购金额≥500万元	每笔1000元
申购金额<100万元	~~1.5%~~ 0.15%
100万元<申购金额<200万元	~~0.8%~~ 0.08%

d) 购买界面

基金购买

创金合信中证红利低波动指数A(005561)

账户

申购金额　　　　　　　　　　交易规则

￥ 1.00元起购

[100] [200] [500]

购买费率：0.15%~~1.50%~~，预计11月09日根据11月08日的
净值确认份额

推荐号 ⓘ　　　　　　　　　　选填

说明：
1. ⬛⬛⬛⬛仅作为本产品代销机构，不承担产品的投资、兑付和风险管理责任。
2. 在您通过本机构持有本产品的整段投资期内，本机构最高向基金管理人收取管理费的50%作为客户维护费。客户维护费指基金管理人与基金销售机构通过基金销售协议约定，依据销售机构销售基

☐ 同意风险提示及《投资人权益须知》《基金合同》《招募说明书》

提交

App 产品购买示例

四、选择适合自己的基金

基金投资不同于银行存款，不保本保息，是一种风险投资。而投资者所投资的基金类型不同，其风险和收益特征也大不相同。通过阅读基金的法律文件，可以清楚地了解所购买的基金产品的投资目标、投资范围、投资策略、产品风险等级和基金费率等特征，方便投资者结合自身风险承受能力、投资目标、投资期限等情况选择适合自己的基金。

（一）基金产品风险等级

基金产品风险评价的指标体系主要包括：产品类型、产品投资范围的复杂度、产品流动性、产品的整体杠杆率、产品净值历史波动率、产品净值最大回撤、产品结构复杂性、到期期限、产品募集方式、产品的违规次数和产品规模等。基金产品风险评级机构需要根据上述指标，通过定量计算和定性分析进行综合评价，以保证评价的客观性和一致性。各基金销售机构采取的评价标准可能略有差异（但不能低于基金管理人评定的风险等级），投资者通过不同销售平台看到的基金产品风险等级可能有所不同，具体需要以各销售机构官方公布的评级结果为准。

基金产品的风险评级并非一成不变。根据《证券期货投资者适当性管理办法》《公开募集证券投资基金销售机构监督管理办法》等法律法规要求，为保证产品的销售适当性，产品合同成立后，基金管理人与销售机构应当定期更新风险评级。由此，产品的风险等级有可能会因为产品合同中涉及投资范围、投资比例、杠杆比例、同类产品或者服务过往业绩等条款变更而调整。投资者应关注产品风险等级调整结果，并根据自身风险承受能力，重新审慎评估与基金产品的投资适配性。

通常情况下，按照风险由低到高的顺序，基金产品的风险等级至少划分为低风险（R1）、中低风险（R2）、中风险（R3）、中高风险（R4）、高风险（R5）5个等级，等级越高，风险越大。投资者的风险承受能力分为C0（风险承受能力最低类别）、C1（保守型）、C2（稳健型）、C3（平衡型）、C4（增长型）、C5（进取型）6种类型，数字越大，表示风险承受能力越强。投资者在开立基金账户时，基金销售机构会以纸质或者电子文档形式提供投资者风险测评问卷，对投资者的风险承受能力进行测试。投资者应结合自身风险承受能力，选择对应的基金产品。一般地，投资者风险承受能力与基金产品风险等级匹配情况见表3-3。

表3-3 投资者风险承受能力与基金产品风险等级匹配情况

产品风险等级	客户风险等级					
	C0（风险承受能力最低类别）	C1（保守型）	C2（稳健型）	C3（平衡型）	C4（增长型）	C5（进取型）
低风险（R1）	√	√	√	√	√	√
中低风险（R2）	×	×	√	√	√	√
中风险（R3）	×	×	×	√	√	√
中高风险（R4）	×	×	×	×	√	√
高风险（R5）	×	×	×	×	×	√

风险承受能力最低类别（C0）的投资者，无法购买高于其风险等级的产品。

（二）基金费率

投资者在购买基金时还需要考虑费率，通常涉及管理费、托管费、销售服务费、申购费、赎回费、业绩报酬等费用。

1）管理费。管理费是基金公司为管理基金所收取的费用，通常以年度百分比计算，基金公司会根据管理基金的成本收取这项费用。

2）托管费。托管费是指基金托管银行为基金提供托管服务所收取的费用，包括保管证券、结算交易等服务。

3）销售服务费。销售服务费是基金销售商为销售基金而收取的费用，包括前端销售费用、后端销售费用等。前端收费指的是投资者在购买开放式基金时就支付申购费的付费方式。后端收费则是投资者在购买开放式基金时并不支付申购费，等到卖出时才支付的付费方式。

4）认购费。认购费是指投资者在基金发行募集期内购买基金时所缴纳的手续费。

5）申购费。申购费是投资者在基金成立后的存续期间，基金处于申购开放状态期内，向基金管理人购买基金份额时所支付的手续费。

股票型基金的认购费率示例见表3-4，申购费率示例见表3-5。

表3-4　股票型基金的认购费率示例

条件	费率	备注
金额＜100万元	1.20%	普通投资群体
金额＜100万元	0.48%	社保、养老金、企业年金通过基金管理人的直销柜台认购的养老金客户特定认购费率
100万元≤金额＜500万元	0.80%	普通投资群体
100万元≤金额＜500万元	0.24%	社保、养老金、企业年金通过基金管理人的直销柜台认购的养老金客户特定认购费率
500万元≤金额	1,000元/笔	普通投资群体
500万元≤金额	1,000元/笔，通过基金管理人的直销柜台认购的养老金客户特定认购费率	社保、养老金、企业年金

表 3-5　股票型基金的申购费率示例

条件	费率	备注
金额<100万元	1.50%	普通投资群体
金额<100万元	0.60%	社保、养老金、企业年金通过基金管理人的直销柜台申购的养老金客户特定申购费率
100万元≤金额<500万元	1.00%	普通投资群体
100万元≤金额<500万元	0.30%	社保、养老金、企业年金通过基金管理人的直销柜台申购的养老金客户特定申购费率
500万元≤金额	1,000元/笔	普通投资群体
500万元≤金额	1,000元/笔,通过基金管理人的直销柜台认购的养老金客户特定认购费率	社保、养老金、企业年金

6）赎回费。赎回费是在开放式基金的存续期间，已持有基金份额的投资者向基金管理人卖出基金份额时所支付的手续费。设计赎回费的主要目的是对其他基金持有人安排一种补偿机制，通常赎回费计入基金资产。股票型基金的赎回费率示例见表3-6。

表 3-6　股票型基金的赎回费率示例

条件	费率（%）	备注
期限<7日	1.50	普通投资群体
7日≤期限<30日	0.75	普通投资群体
30日≤期限<365日	0.50	普通投资群体
1年≤期限<2年	0.25	普通投资群体
2年≤期限	0.00	普通投资群体

7）业绩报酬。业绩报酬通常根据基金的业绩表现和基金合同规定的计算方式提取。具体的计提标准、计提时点、计提对象和扣减形式等要素，会因基金类型、基金合同约定及市场情况而有所不同。在私募基金中，常见的业绩报酬计提方式是高水位算法。

（三）基金份额

在购买基金时，投资者通常会面临 A/B/C/E 等不同份额的选择，不同份额的基金收费方式也不同，投资者需要根据自己的投资计划，选择合适的基金份额进行投资。

1）A 类份额。通常涉及前端销售费，投资者在购买 A 类份额时，需要支付一定比例的申购费用，这部分费用用于覆盖销售和分销成本，赎回时根据持有时间按级差收取赎回费。随着时间的推移，投资者持有 A 类份额的费率可能会逐渐降低。

2）B 类份额。目前市场上 B 类份额不常见，一般指申购时不收费，赎回时根据持有时间计算相关手续费，也有一些货币基金设置 B 类份额以针对大额资金。

3）C 类份额。C 类份额通常不需要支付申购费，在赎回时会收取一定的赎回费用，费用随持有时间的增长而逐渐减小甚至为 0。

4）E 类份额。E 类份额不常见，通常是某些基金在指定的渠道平台上发售的份额。

除上述不同份额的基金收取不同形式的费用，所有份额类型的基金都需要收取基金管理费和托管费。

五、基金转换与转托管

市场风格在不断变化，投资者的需求也在不断变化，在持有一段时间之后，投资者可能会考虑卖出某只基金，换成别的基金，这其中就可能涉及基金转换和基金转托管的相关问题。

（一）基金转换

基金转换指投资者可以将其持有的基金份额直接转换为相同基金公司管理的其他开放式基金的份额。它相当于卖出手中基金与买入新基金的无缝衔接，对于投资者而言，相对方便快捷。基金转换业务需要遵守以下几点规则：

1）因为转换后的基金仍然是登记在同一个销售网点的同一个交易账号下，所以转换的两只基金必须都是由同一销售机构销售的。

2）转出方的基金必须处于可赎回或可转出的状态，转入方的基金必须处于可申购或可转入的状态。

3）基金转换采用未知价法，即基金的转换价格以转换申请受理当日各转出、转入基金的份额净值为基准进行计算。

4）基金转换视同为转出基金的赎回和转入基金的申购，因此一般来说，暂停基金转换适用有关转出基金和转入基金关于暂停或拒绝申购、暂停赎回和巨额赎回的规定。

相较于赎回再申购，基金转换业务能让投资者以最快的速度持有目标基金，抓住市场行情。同时，基金转换只需补交申购费差价，而不是目标基金的全额申购费，减少交易成本。

若投资者已持有某基金管理人管理的 A 开放式基金份额，想变更成持有该基金管理人管理的 B 开放式基金份额，一般有两种实现方式（假设 A、B

基金的交易确认天数都为 1 个工作日，赎回款到账天数都为 2 个工作日，A 基金赎回费率 1.5%、申购费率 0.8%，B 基金申购费率 1.5%）：

1）T 日赎回 A 基金，T+2 日 A 基金赎回款到账后发起申购 B 基金，T+3 日开始持有 B 基金并承担 B 基金损益。该方式收取 A 基金赎回费和 B 基金申购费。

2）T 日发起转换，从 A 基金转换为 B 基金，T+1 日起开始持有 B 基金并承担 B 基金损益。该方式收取 A 基金赎回费和 B 基金申购补差费。具体示例见表 3-7。

表 3-7　T 日发起转换示例

处理时间	赎回 A 申购 B		转出 A 转入 B	
	操作	费用	操作	费用
T 日	发起 A 基金赎回申请		发起转换申请：A 基金转换到 B 基金	
T+1 日	A 基金赎回确认，减少 A 基金持有份额	收取 A 基金赎回费（费率 1.5%）	A 基金转出确认，减少 A 基金持有份额；B 基金转入确认，增加 B 基金持有份额	收取 A 基金赎回费（费率 1.5%）；收取 B 基金申购补差费 [费率约为 0.7%（1.5%－0.8%）]
T+2 日	A 基金赎回款到账；发起 B 基金申购申请			
T+3 日	B 基金申购确认，增加 B 基金持有份额	收取 B 基金申购费（费率 1.5%）		
方案对比	1. 合计费率 3% 2. T+3 日开始持有 B 基金		1. 合计费率约为 2.2%（实操中补差费可以按申购费率差收取，也可以按照申购费用差收取） 2. T+1 日开始持有 B 基金	
结论	较高成本、较长的确认时间		较低成本、较短的确认时间、操作简单	

以上对同一基金管理人的基金转换业务进行了介绍，对于不同管理人管

理的开放式基金，是否也有类似高效便捷的业务模式替代先赎回再申购呢？当然有。

随着投资者对资金使用效率要求的提高，基金超级转换服务应运而生。超级转换是互联网基金销售机构为客户提供的一种资金垫付服务，其业务本质还是赎回再申购。普通转换业务与超级转换业务对比见表3-8。

表3-8　普通转换业务与超级转换业务对比

对比项	超级转换	普通转换
转换范围	支持不同管理人之间的产品进行转换	仅支持统一管理人之间的产品进行转换
垫资情况	销售机构需要垫付转换入基金申购款	无须垫付
基金是否需支持转换	不依赖基金是否支持转换	基金必须支持转换
转换成本	成本更高：收取转换出基金赎回费和转换入基金申购费	成本更低：收取转换出基金赎回费和转换入基金申购补差费

比如投资者 T 日发起超级转换，申请从甲管理人管理的 A 基金转换成乙管理人管理的 C 基金，实际上，销售机构为投资者发起了 A 基金的赎回申请及 C 基金的申购申请。具体为：交易时间内，基于估算的 T 日 A 基金净值计算出投资者 A 基金赎回份额市值，乘以一定的垫付比例后计算出 C 基金的申购金额，销售机构为投资者发起 C 基金的申购申请并垫付该部分资金，从而实现投资者 T + 1 日（假设 C 为 T + 1 确认的基金）持有 C 基金份额的目的。

由于 A 基金的赎回金额是估算且乘以垫付比例，实际上 T + 1 日 A 基金赎回确认金额一般大于 T 日申购垫付金额。假设 A 为 T + 2 日交收赎回款的基金，则 T + 2 日，基金销售机构在扣除已垫付部分资金后，会将多出的资金为投资者申购其代销的货币基金，增加投资者在其类似"活期宝"中的份额。费用方面，超级转换同样收取 A 基金赎回费和 C 基金申购费。

出于资金安全考虑，各家销售机构会确定小于 100% 的垫付比例（一般定为90%）。由于垫付资金来源于商业银行，有一定的资金成本，故赎回款交收天数太长的产品一般不提供垫资，即不开通超级转换业务。且代销机构一般会对每日垫付金额进行总额控制，具体额度取决于销售机构的相关设置。

（二）基金转托管

基金转托管，指的是基金份额持有人申请将其在某一销售机构持有的基金份额转到另一销售机构的行为。对于投资者来说，投资者所持有基金的份额不会发生变化。基金的转托管主要分为两大类：一类叫同市场转托管（一般说的转托管就是这种），另一类叫跨市场转托管。同市场转托管就是场外转场外或场内转场内；跨市场转托管就是场外转场内或场内转场外。前文介绍过，场内交易就是国家法律法规规定有证券交易资格的场所（这里的交易一般是指买入卖出的撮合交易），比如上海证券交易所（以下简称"上交所"）和深圳证券交易所（以下简称"深交所"）；场外交易就是除去场内交易场所外的场所，比如投资者通过销售机构申购赎回基金。

办理转托管业务有一定的前提条件：

1）对于场外转托管来讲，投资者要查询转入方的销售机构是否代销要转托管的基金，如果没有代销，是无法做场外转托管的。

2）转托管业务办理前，投资者需要提前去转入的销售机构开立该基金的基金账户（开立基金账户或做基金账户登记，建议直接开立）。

3）如果是场外转场内的跨市场转托管，转入方目前只能是证券公司，场内账户即上海或深圳股东账户，也需要投资者办理转托管业务前把股东账户开立好。

转托管业务的办理方式一般分为两步转托管和一步转托管。目前中登 TA 的基金只接受一步转托管的方式，而基金公司自建 TA 一般既可以支持一步转托管，也可以支持两步转托管。一步转托管与两步转托管的区别是：一步转托管就是一次完成转托管出与转托管入，正常情况下，基金份额于 T+1 日到达转入方，投资者可于 T+2 日起赎回该部分基金份额。两步转托管就是分为两步，先转托管出，再转托管入。投资者可于 T+1 日在转入方办理登记基金账号业务和转托管入，正常情况下，基金份额于 T+2 日到达转入方，投资者可于 T+3 日起赎回该部分基金份额。

当然，转托管有时也会失败，转托管失败的场景主要包括以下 4 项：①LOF基金分红期间，即权益登记日的前两个交易日至权益登记日；②处于质押、冻结等非正常状态的 LOF 基金份额；③转托管入销售商未登记交易账号；④上交所、深交所及中国结算规定的其他情形。

本章小贴士

1. 开立基金账户是投资者购买基金产品的第一步，投资者通过直销平台和代销平台开立基金账户后，即可进行场外的基金投资。

2. 投资者有权注销已开立的基金账户，注销前需要满足以下 4 个条件：①基金账户未被冻结；②基金账户内无任何基金份额；③基金账户无尚待确认的交易申请；④基金账户无在途的分红权益等。

3. 投资者应学会阅读投资产品的法律文件，增强对产品的理解，保护自己的合法权益。公募基金产品发售前通常会公布基金合同、基金招募说明书、基金份额发售公告、基金托管协议 4 种主要法律文件。

4. 基金投资是一种风险投资，投资者务必要结合自身风险承受能力、投资目标、投资期限等情况选择适合自己的产品。

5. 基金产品的风险评级并非一成不变，投资者的风险承受能力也非一成不变，应根据具体情况进行动态评估。

第四章

选择基金

导读：成功配置资产的关键——选择基金

"你不理财，财不理你，基金的事情还是交由专业人士来打理。"这是张女士投资基金10年来得出的感悟。张女士说，自己初入基金市场时，丰富的产品线让她出现了选择障碍，选谁不选谁，是一个问题。是按照明星基金产品选？还是按照明星基金经理选？又或是按照明星基金公司选？10年间，这些问题的答案逐渐显现。

现在，张女士体会到，好的基金产品需要有好的基金经理来打理，好的基金公司是通过每一只基金产品的市场表现来证明的，基金产品、基金经理、基金公司之间的关联性极强，市场表现就是最好的答案。总之，投资基金时需要耐心、信心、恒心和决心，见"基"行事、见机行事、见好就收，对国家发展战略、政策要有正确的认识和准确的把握，对行业、企业、技术的分析要深耕细作、厚积薄发。

了解如何购买基金后，接下来投资者需要考虑的问题就是如何选择一只优秀的基金。然而，面对众多基金产品，如何准确地对基金做出评判，是所有投资者面临的重要课题。本章主要讨论选择优秀基金的关键要素和策略，涵盖基金选择、基金经理选择和基金公司选择等要点，帮助投资者在投资过程中有效做出决策。

一、如何选择基金

基金投资的核心在于"匹配"和"优势"，选择优秀基金产品固然是成功构建基金组合的关键，而在此之前的第一步，应该是根据自身投资目标与基金产品特征进行匹配。对于普通投资者，建议重点关注以下要素。

（一）投资目标和风险承受能力

明确自身的投资目标和风险承受能力，是追求长期增值、稳定收益还是其他投资目标？能够接受多大幅度的收益波动和回撤？对这些问题的答案，投资者可以通过购买产品前的风险测试，评估自己的风险偏好水平——适合投入多大规模资产级别、购买哪种类型的基金产品。前文提到，基金产品风险等级一般可以分为 5 档，具体描述如下：

1）谨慎型产品（R1）。R1 一般属于保本保预期收益的产品，投资风险低。

2）稳健型产品（R2）。与 R1 的投资范围基本相同，R2 一般是有浮动收益预期的产品，不会承诺保证本金不损失。

3）平衡型产品（R3）。R3 产品一般是将 R1 + R2 的部分投资产品与一些高风险金融产品相结合做资产配置，如股票、外汇等，但这些高风险产品所占的比例一般不超过 30%。该级别不保证本金，预期收益浮动且有一定波动。

4）进取型产品（R4）。R4 级的产品一般投资于股票、外汇等高波动性金融产品，且比例可超过 30%，不保证本金，风险和预期收益都较大，预期收益波动性也较高，受各类因素影响，亏损的概率较大。

5）激进型产品（R5）。R5 级别产品完全投资于股票、外汇等高风险的金融产品，并且会用杠杆去放大投资。本金风险极大，属于高风险、高收益。

综合考虑上述因素，选择合适的基金非常重要。投资者应根据自身的投资目标、风险承受能力和偏好，进行全面的研究和评估。同时，建议多方面参考独立机构的研究报告和评级，以获取更全面、客观的信息。最终的选择应基于投资者个人的投资需求和目标，及其与基金投资策略和管理团队的匹配程度。

（二）基金类型

了解基金类型是进行资产配置、实现投资增值的重要前置步骤，原因是不同类型的基金产品风险收益特征迥异——同样数额的资产投资于不同类型的基金产品可能会带来截然不同的持有体验。

基金分类本质上是对基金风险收益特征进行划分与聚类。表 4-1 展示了 2013—2023 年常见类型基金指数年化收益率，表 4-2 展示了 2013—2023 年常见类型基金指数年化波动率。

表 4-1　常见类型基金指数年化收益率（2013—2023 年）

年份	年化收益率（%）					
	万得普通股票型基金指数	万得偏股混合型基金指数	万得平衡混合型基金指数	万得偏债混合型基金指数	万得中长期纯债型基金指数	万得短期纯债型基金指数
2013 年	15.47	12.73	10.15	2.88	0.94	3.54
2014 年	23.68	22.24	17.36	18.74	12.61	6.13
2015 年	47.02	43.17	32.38	18.33	10.12	5.21
2016 年	−12.39	−13.03	−7.97	0.24	1.56	1.15
2017 年	16.06	14.12	12.01	4.15	2.15	3.19
2018 年	−24.33	−23.58	−16.85	0.22	5.94	5.13
2019 年	47.03	45.02	25.08	10.97	4.33	3.49
2020 年	58.12	55.91	18.59	13.21	2.84	2.35
2021 年	9.62	7.68	2.65	5.61	4.13	3.27
2022 年	−19.86	−21.03	−9.72	−3.78	2.16	2.14
2023 年	−0.50	−2.11	−1.51	1.02	1.84	1.68
全样本	12.85	11.52	8.89	8.00	4.55	3.37

注：数据来源于 Wind，数据截至 2023 年 6 月。

表 4-2　常见类型基金指数年化波动率（2013—2023 年）

| 年份 | 年化波动率（%） | | | | | |
	万得普通股票型基金指数	万得偏股混合型基金指数	万得平衡混合型基金指数	万得偏债混合型基金指数	万得中长期纯债型基金指数	万得短期纯债型基金指数
2013 年	19.20	16.95	14.25	3.53	1.07	0.51
2014 年	16.77	15.06	11.82	3.92	1.76	0.67
2015 年	41.30	37.13	23.82	6.98	1.73	0.44
2016 年	26.25	25.06	16.83	2.48	1.10	0.56
2017 年	11.48	11.23	7.74	1.28	0.55	0.40
2018 年	20.62	19.45	14.26	2.63	0.63	0.39
2019 年	18.09	17.13	9.69	3.18	0.47	0.23
2020 年	23.01	21.67	8.42	5.12	0.87	0.52
2021 年	19.33	18.40	7.37	3.69	0.38	0.23
2022 年	20.20	19.18	12.19	4.16	0.61	0.35
2023 年	11.53	11.37	7.53	3.09	0.34	0.22
全样本	23.29	21.66	16.16	6.07	1.40	0.50

注：数据来源于 Wind，数据截至 2023 年 6 月。

从表 4-1 可以看到，2013—2023 年年化收益率从高到低排序为：普通股票型基金 > 偏股混合型基金 > 平衡混合型基金 > 偏债混合型基金 > 中长期纯债型基金 > 短期纯债型基金。

从表 4-2 可以看到，年化收益率较高的普通股票型基金和偏股混合型基金不同年份的收益表现波动较大，2014 年、2015 年、2019 年、2020 年获取了股票牛市带来的高额收益，但 2016 年、2018 年、2022 年遭遇了股票熊市带来的巨幅回撤。而偏债混合型、中长期纯债、短期纯债型基金年化收益虽然偏低，但是不同年份收益的波动相对较小，几乎每年都能创造正收益。如果以基金收益的标准差（波动率）作为衡量基金风险的代理变量，2013—2023 年各类基金风险从大到小排序为：普通股票型基金 > 偏股混合型基金 > 平衡混合型基金 > 偏债混合型基金 > 中长期纯债型基金 > 短期纯债型基金。

在了解自身投资目标、风险偏好并初步与基金类型匹配后，接下来需要投资者对特定基金进行初步比较与分析。这一环节能够帮助投资者进一步理解所选基金的投资特征，并对影响投资回报的潜在因素产生更为深刻的认识，包括但不仅限于基金历史业绩、费用结构、基金规模和资产配置/投资组合等。

（三）历史业绩

研究基金的历史业绩，是成功配置资产的重要环节，既要关注短期业绩，也要考察长期业绩。以股票型基金为例，短期业绩好坏可能与资金筹码结构、市场交易情绪及政策催化效应等因素有关，长期业绩更多反映行业景气趋势和基金经理在其能力圈内的主动投资能力。因此，对于基金产品历史业绩的综合评估需要横向、纵向同时展开：纵向代表基金在不同时间窗口下的业绩表现，比如近1年、近3年、近5年的年化收益率、年化波动率、年化夏普比率等；横向代表基金在特定区间内与同类基金/业绩基准比较后的业绩特征，比如主动股票型基金近3年的收益回报是否高于同类基金平均水平、最大回撤控制是否优于同类等。

表4-3展示了创金合信基金设计的对股票型基金"多维度、多指标、多统计区间"的打分体系，通过对股票型基金进行多维度纵向的综合打分，并进行同类基金间的横向对比，最终实现对基金的定量筛选。

表4-3 "多维度、多指标、多统计区间"的定量筛选框架（样例）

统计时间	绝对收益		风格稳定	超额收益		总计（%）
	夏普比率（%）	卡玛比率（%）	跟踪误差（%）	信息比率（%）	超额卡玛（%）	
近6个月	2	2	2	2	2	10
近1年	2	2	2	2	2	10
近2年	4	4	4	4	4	20
近3年	6	6	6	6	6	30

统计时间	绝对收益		风格稳定	超额收益		总计（%）
	夏普比率（%）	卡玛比率（%）	跟踪误差（%）	信息比率（%）	超额卡玛（%）	
近 5 年	6	6	6	6	6	30
总计	40		20	40		100

注：①夏普比率 = 基金年化收益/基金年化波动率，是衡量基金绩效的评价指标，表示基金每单位风险能够获得的报酬。夏普比率大于 1 代表基金收益率高于波动风险，夏普比率小于 1 代表基金收益率低于波动风险。②卡玛比率 = 基金年化收益/基金最大回撤，是衡量基金性价比的重要指标之一。卡玛比率越高，说明该基金在承受单位损失时所能获得的回报也越高。③跟踪误差 = 基金超额收益的年化标准差，衡量基金收益率与基准收益率之间的偏差。跟踪误差越小，意味着基金与基准指数的走势越紧密，反之意味着偏差越大。④信息比率 = 基金年化超额收益/基金跟踪误差，是主动管理风险调整后的收益，表示单位跟踪误差（主动风险）带来的超额收益。信息比率越大，说明单位跟踪误差（主动风险）所获得的超额收益越高。⑤超额卡玛 = 基金超额年化收益/基金超额最大回撤，衡量基金相对于业绩基准每单位超额损失所能创造超额收益的能力。

对于普通投资者而言，如果不想做上述这样复杂的筛选，也可以参考目前市场上比较多的基金销售软件中关于基金产品的业绩指标排名。图 4-1 为某基金销售软件中业绩类型指标排名，可以关注其不同周期下各个维度的同类排名。需注意，尽量选取在多个维度、多个周期下排名都相对靠前的产品。

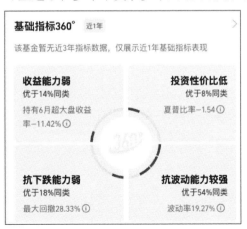

图 4-1 某基金销售软件中业绩类型指标排名（截图）

（四）费用结构

在进行基金投资前，投资者需了解基金投资过程中要承担的各项费用，主要有管理费用、托管费用、认购/申购费用和赎回费用等。

清晰认知各项费用的产生过程和具体含义后，能够对于同一类资产采取不同的投资决策，实现个人投资效用的最大化。举例来说，同样是投资科技主题相关股票，通过主动权益基金投资的方式参与，虽然承担了更高的管理费用，但可能会带来相较于被动指数型基金更丰厚的超额收益；同样是投资于某一只主动权益基金，通过 A 份额和 C 份额进行投资的费用结构对于不同持有周期也会形成差异。总结来说，费用结构的评价无法一概而论，需要综合考虑自身投资偏好及基金投资策略等各方面因素科学地进行选择。

（五）基金规模

对于新基民来说，基金规模往往是至关重要却往往被忽略的因素——总体上看，同等情况下基金业绩与基金规模呈现显著负相关关系，这一现象在股票型基金上尤其明显。底层逻辑在于，当基金经理管理规模过大时，难以在中小市值股票上获取明显的超额收益，往往只能通过投资于大市值资产，而这些大市值资产关注度高，市场定价更加充分，从这些资产中获取超额收益的难度显著上升。因此，当基民过度关注基金经理投资背景和历史业绩而忽视了基金规模时，就容易陷入"规模陷阱"。一方面，基金经理受限于规模，难以发挥其主动管理能力；另一方面，基民持有体验也会不尽人意。

为了进一步探寻规模对基金业绩的影响，按照管理规模将基金分为 5 组：1 亿~5 亿元、5 亿~10 亿元、10 亿~20 亿元、20 亿~50 亿元、50 亿元以上，并分别计算不同年份与基金业绩评价相关的多个指标，包括夏普比率、信息比率、最大回撤等。

如图 4-2 所示，随着基金规模的增大，几乎所有指标在不同年份下都出现了明显衰减。其中，图 4-2c 为最大回撤，反映的是规模越大，最大回撤越大，在超过 50 亿元的分段区间衰减尤其明显。这也进一步证明了基金规模对业绩具有较为显著的负向影响。

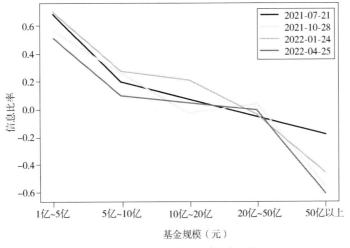

a）基金规模与信息比率的分组测试

第四章　选择基金

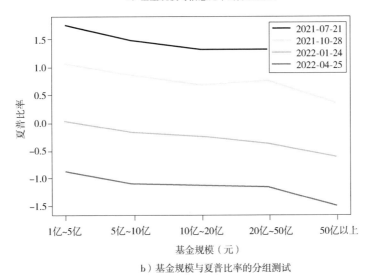

b）基金规模与夏普比率的分组测试

图 4-2　基金业绩指标和规模相关性情况

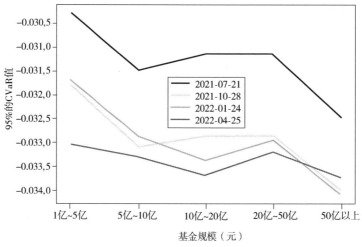

c）基金规模与95%的CVaR值的分组测试

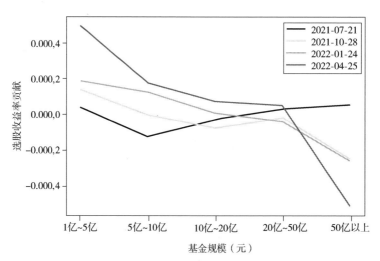

d）基金规模与基金经理选股能力的分组测试

图 4-2　基金业绩指标和规模相关性情况（续）

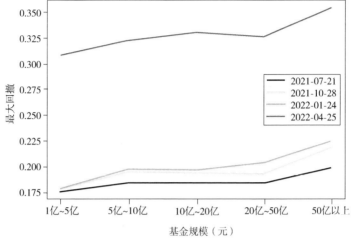

e）基金规模与最大回撤的分组测试

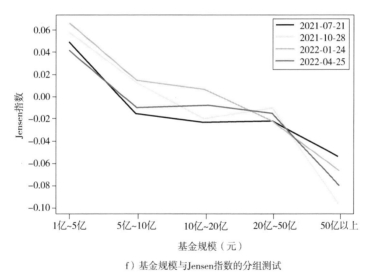

f）基金规模与Jensen指数的分组测试

图4-2 基金业绩指标和规模相关性情况（续）

（六）资产配置/投资管理

研究基金的资产配置和投资管理是基金投资的核心要素，通过了解基金实际配置资产的风格特征，能够进一步了解基金未来面对不同市场环境的适应情况，同时与投资者自身投资目标和投资偏好进行匹配，帮助实现有效投资决策。对于不同类型的基金产品，侧重点有所不同。下面以主动股票型基金、主动债券型基金、绝对收益型基金等几类常见的基金为例展开分析。本小节专业知识较多，更适合有一定基础的专业/资深基金投资者。

1. 主动股票型基金

主动股票型基金主要围绕基金经理在资产配置、行业配置、因子配置和选股上的意愿和能力，结合交易偏好、组合管理和风控意识，评价其对不同市场状态的适应性。相对偏好穿越基准指数一次完整牛熊周期、选股能力显著的基金经理。主动股票型基金的收益较高、风险较大，对股票型基金的研究只有从多维度的指标进行考察（表4-4），才有可能选出优秀的基金。

表4-4　主动股票型基金分析评价维度

考察维度	项目能力	代理变量/应用模型
业绩表现	绝对收益	年化收益率、波动率、夏普比率、最大回撤、胜率
	超额收益	年化超额收益率、跟踪误差、信息比率、超额收益的最大回撤、超额收益的胜率
持仓特征	大类资产分布	辨识出全市场基金、行业主题类赛道基金、大小盘风格基金，寻找基金锚定的基准和贝塔
	行业分布	
	风格因子分布	
投资风格	择时偏好	资产配置、仓位比例变化、换手率等
	行业配置	申万行业、中信行业等
	因子配置	Barra因子：市值、贝塔、估值、成长、盈利、动量、财务杠杆、波动率等
	选股思路	自上而下、自下而上、基本面、估值
	交易偏好	左侧交易、右侧交易、高抛低吸、长期持有
归因分析	行业配置能力	Barra模型、Brinson模型
	因子配置能力	

2. 主动债券型基金

对主动债券型基金的评价，主要围绕基金经理在债券的信用管理能力和利率管理能力。从绝对收益型产品的收益来源出发，即票息收入、平移收入、扭曲收益[⊖]、利差收益，将基金经理的风格划分为配置型、信用挖掘型、利率交易型、综合型。结合基金持仓及尽调，确定基金经理投资逻辑的有效性及投资策略的适应性。

3. 绝对收益型基金

绝对收益型基金分为股票多空型基金和货币基金，具有不同的分析维度。

股票多空型基金主要利用股指期货与股票现货组合之间进行对冲，构建市场中性[⊜]股票组合，同时采用安全有效的风险监控，在降低套利风险的同时，力争为投资者获取超额稳定的收益。因此，对该类型基金主要考察获取绝对收益的能力和稳定程度，首先通过多区间的最大回撤指标进行末位排除，然后通过多区间、多维度的风险及风险收益指标判断基金获取绝对收益的能力和稳定程度，最后选取综合排名靠前的基金。

货币基金的选择则会在考虑成立年限、产品规模的基础上，锚定基准指数框定初选范围，并在此基础上选取长期具有超额收益的基金产品。

4. 配置工具型基金

配置工具型基金属于被动型基金产品，主要获取贝塔收益。与主动型基金产品不同，对于被动型基金产品，不需要过度关注基金产品的超额收益及其产生超额收益背后基金经理的能力等信息，其研究分析将更为标准化。对于被动型基金产品，主要围绕指数标的的选择、市场认可情况、跟踪误差、累计偏离、基金产品规模和市场交易的流动性等指标进行分析。

上述分析主要聚焦于基金产品持仓特征、因子暴露及归因分析等维度，

⊖ 平移收入（shift）、扭曲收益（twist）来自债基业绩归因广泛使用的 Campisi 模型，将国债价格变动进一步归因到利率曲线的平移和非平移变动上，如果用关键期限利率（比如 10 年国债利率）变动作为利率曲线的平均变动，那么 shift = − 久期 × 关键期限的利率变动，twist = − 久期 ×（久期匹配的国债利率 − 关键期限的利率变动）。

⊜ 市场中性一般指某类策略或者某个资产的收益和市场状态无关，市场中性策略是指同时构建多头和空头头寸以对冲市场风险，在任何市场环境下均能获得稳定收益。

基于对公开信息等数据进行加工整理，形成研究基金产品和基金经理的客观数据基础，为后续的基金经理尽调选优提供交叉验证的依据。

综合考虑上述因素，选择"匹配自身"且"优势突出"的基金至关重要，投资者应根据自身的投资目标、风险承受能力和偏好进行全面的研究和评估。同时，建议通过对特定基金进行多维度比较分析，并同时参考独立机构的研究报告和评级，以获取更全面和客观的信息。

（七）选择新基金还是老基金

在基金发行火热期，我们总会听到投资者发出这样的疑问："同一位基金经理，我是买他的新基金还是老基金？"同时，在基金投资者中似乎也流传着这样一句话："牛市买老基，熊市买新基"。那么购买基金时，新老基金到底应该怎么选？

1. 流动性

新基金成立之后，有不超过 3 个月的封闭期，这段时间内基金是不能进行申购或赎回的，要等到封闭期过后才能申购或赎回；而老基金一般每个交易日都可以提交申赎申请，T + 1 日到账。在流动性上，老基金优于新基金。

2. 交易费率

对于同一只基金来说，发行募集期间（新基金）认购费相比于募集完成成立以后（老基金）的申购费率更低。而由于基金销售市场竞争激烈，很多基金销售机构在基金申购时都有费率优惠，有时甚至费率低到 1 折，所以新基金的交易费用不一定低于老基金。

3. 业绩参考

新基金刚成立，没有任何历史业绩可以参考，也没有历史信息辅助判断该基金的持仓标的、重仓股票和投资风格，投资者很难对该只基金进行评估，只能凭借管理该只基金的基金经理的其他产品来推测其管理能力水平。老基金的历史业绩、重仓股票、持仓标的都可以查询，过往参考信息较多。特别是基金的历史业绩，虽然不代表未来的业绩走势，但历史业绩的好坏是评价一只基金是否优秀的重要指标。在历史信息参考上，老基金优于新基金。

4. 市场行情

市场处于低迷时期，新基金因为有不超过 6 个月的建仓期，可以通过仓位的空余来阶段性抵御市场的冲击，降低亏损的幅度。而老基金由于政策和仓位的规定，很难做出较大的调整，需要直面迎接下跌的冲击。但在市场景气度好的时候，老基金因其前期已布局好资金和仓位，以最大仓位收获了业绩上涨。新基金因为加仓期布局尚未完成，只能收获小部分市场上涨的收益，收益幅度不及同类老基金。

从表 4-5 可以看出，新基金和老基金各有优缺点，至于买哪只更好，还需要投资者结合自身情况和市场情况而定。长期来看，基金的新老对其业绩表现影响并不大，选择一只基金还是应该从其投资方向和范围、基金经理能力、基金公司实力、入场时机等因素来考虑。

表 4-5　新/老基金对比

新/老基金	流动性	交易费率	业绩参考	市场行情
新基金	—	优	—	低迷市场优
老基金	优	注意打折情况	优	上涨市场优

二、如何选择基金经理

对于主动管理型基金而言，选择基金经理至关重要，基金经理优秀与否直接决定这只基金的阿尔法收益获取能力。那么如何识别和挖掘基金经理的主动投资能力，本节将聚焦基金经理本人的研究分析。

（一）基金经理的投资背景

了解基金经理的教育背景、从业经历和历史投资业绩——名校背景、科班出身、资深从业经历往往是投资者眼中的加分项。"专业的人做专业的事"的宣传口号在资管行业中屡见不鲜，出彩的投资背景形成了对于"专业"一词的强背书效应。然而，在实际投资过程中，基金经理亮眼的投资背景和优秀的投资业绩之间并不能直接画等号。投资产业周期、自身管理规模等都可能对基金经理的业绩产生负向影响，甚至有时候会出现从业经历简洁的黑马型基金经理业绩一骑绝尘的情况。因此，比起简单地选择投资背景出色的基金经理，更需要关注亮眼投资背景下的投资理念和体系的验证。

（二）投资策略和风格

关注基金经理的投资策略及短期投资有效性。使用定量和定性相结合的方法综合评价基金经理投资策略，一方面，可以通过净值、持仓分析定量刻画基金经理投资策略；另一方面，可以通过对基金经理的定期报告和调研采访进行定性验证。以股票型基金为例，一般来说，有以下几类常见的投资策略：

1）积极成长。投资具有高度发展潜力或者业绩爆发力强的企业，一般为新兴产业或者高科技领域，放松对估值和质量的要求，追求极致的成长性。

2）高质量成长。关注长期业绩稳定增长的企业，强调可持续发展，强调企业护城河和竞争壁垒，一般投资于各个行业或者细分领域的偏头部公司。

3）深度价值。重视具有稳定现金流和高股息分红的公司，要求股票有绝对的低估值、有较高的赔率，策略整体呈现较强的防御属性。

4）合理价格的增长投资（Growth at Reasonable Price，GARP）策略。目标是寻找某种程度上被市场低估的股票，与上述单纯关注成长或者价值因素的策略不同，是一种同时考量股票价值因素和成长因素的混合型投资策略。一方面，利用股票成长性分享高收益机会；另一方面，利用价值型标准筛选低估值股票，有效控制市场波动的风险。

不同策略有不同的市场适应性，基金经理的投资策略和投资风格也并非一成不变，投资者还需要时刻关注定期报告披露后的持仓组合，对基金经理短期策略风格重新定位，评价短期投资的有效性。

（三）投资能力

研究基金经理的核心在于对其投资能力的研究。我们知道，一只基金产品表现出来的历史业绩主要包含两部分：贝塔收益＋阿尔法收益。贝塔属性，一般指某一类资产提供的系统性收益或者风险，比如某一类股票固有的行业或风格属性、某一类债券固有的久期或信用属性等。例如我们通常说的"吃药喝酒"行情，就是医药和白酒这两类资产都有的贝塔收益。贝塔并不因管理该类产品的基金经理不同而不同，贝塔的收益也体现不出基金经理的投资能力。阿尔法能力，一般指基金经理相对其业绩基准创造超额收益的能力，一只基金的阿尔法部分通常被认为代表基金经理的投资能力。这种能力的可复制性更强，对于研究基金经理更有价值。对阿尔法能力的考察可以从以下几个方面开展。

1. 股票型基金经理

股票型基金经理的阿尔法能力从归因上大致分为资产配置能力、行业配置能力、个股选择能力，这三方面能力共同构筑了基金的阿尔法收益。从投资者的视角，这些能力具体可以从基金经理的超额收益、基金评级与排名、风险控制能力这几个维度来考察。

1）超额收益，是指基金的实际收益减去业绩比较基准的差额部分。业绩比较基准是基金在运作中所追求的最低收益标准，是基金业绩的及格线。

业绩比较基准以上的超额收益部分反映了基金经理的投资水平，超额收益越大，说明基金经理的投资能力越强。在业绩的考察上，建议1年、3年、5年等不同周期业绩结合来看，能从不同时间维度、不同市场行情下反映基金经理的投资水平。

2）基金评级与排名，是能直观反映基金历史业绩和同类竞争力的指标。如果说业绩比较基准是基金经理自己和自己比，那么同类排名就是基金经理在对应的跑道中和其他人比，在同类中业绩排名前列或者被评级机构评为上榜基金，也能说明基金经理的投资能力优秀。但要注意的是，只有划分为同类的基金才能进行排名比较，不同类别的基金是不能进行排名比较的。对基金评价和排名的指标相对复杂和专业，普通投资者可以参考市场上有评价资质且市场认同度较高的基金评级排名机构发布的数据，如以晨星、银河证券和海通证券等发布的榜单作为参考。

3）风险控制能力，是指基金经理在投资过程中，能够合理地控制风险，采取得当的风险管理措施，以降低投资风险的能力。基金是一种复利特征的产品，回撤极大地损害了基金的复利效应，基金净值如果下跌50%，那么它需要上涨100%才能回到原来的净值水平。所以，对于股票型基金而言，风险控制显得尤为重要。投资者可以从基金经理管理基金的最大回撤和波动率考察其风险管理能力。这些指标在基金销售平台上可以查询和比较。风险和收益是一对共生体，投资者在寄期望于基金的收益时，务必要考察其风险程度，只有选择与自身风险偏好匹配的产品，才能获得较好的投资体验。

2. 债券型基金经理

债券型基金经理的阿尔法能力来自券种配置能力、择券能力、利率择时能力等，从投资者角度可以观察的指标有历史业绩表现、风险控制能力、团队支持等。

1）历史业绩表现。对于固收类产品而言，业绩差异不如股票型基金差异大，但通过观察基金经理的历史业绩表现及同类排名，也能了解其在不同市场环境下的投资能力和风险控制能力。

2）风险控制能力。风险控制能力对于债券基金可谓是最重要的能力，投资能力相对较弱的债券基金经理在业绩表现上可能与排名前列的基金经理相差不大，但如果风险控制不好，就可能造成本金的损失。基金经理在管理风险时需要全面考量信用风险、市场风险、流动性风险的评估和管理，对基金经理的能力要求非常高。

3）团队支持。债券型基金的业绩不由某位基金经理一个人决定的，而是需要整个团队的支持和协作。债券投资涉及的领域十分广泛，包括宏观经济、货币政策、财政政策、行业政策等，任何一项决策都需要对各个方面进行全面的研究和评估。在团队的支持下，债券型基金经理可以更加全面地了解市场动态和风险因素，做出更加明智的投资决策。

大家在日常投资中，建议首先理解这些指标的含义和思路，然后基于平时投资过程中通过对某位基金经理的基金业绩表现的跟踪和基金产品披露的定期报告的观察，不断加深对基金经理能力的认知和理解，这样有助于更好地识别优秀的基金经理。

（四）监控绩效

对于普通投资者而言，在对部分基金经理进行上述研究之后，仍需定期跟踪基金经理的业绩表现，观察他们在不同市场环境下的投资情况，并与同类基金经理进行比较。

对于机构投资者而言，在投后跟踪过程中，可以进一步通过基金净值与持仓模拟净值的偏离大致判断基金经理是否发生调仓行为，如果发现出现过大的偏离，需要及时做出投资决策，判断是否需要及时调整。

综合考虑以上因素，在初步进行基金比较的基础上选择合适的基金经理是构建成功基金组合的关键之一。通过对基金经理投资背景、投资策略、投资能力等维度的深度分析，确保基金经理与投资者的投资目标和风险承受能力相匹配，定期对基金经理业绩表现进行监控，能够帮助投资者在长期内实现更加稳定的投资回报。

三、如何选择基金公司

在进行基金投资的过程中，基金公司作为上层建筑起着至关重要的作用，选择一家可信赖的基金公司可以为投资者提供更好的投资体验。以下是选择基金公司的参考要点。

（一）声誉和信誉

研究基金公司的声誉和信誉，包括公司的历史、管理团队的经验和公司的治理结构，了解基金公司在行业内的地位和声誉及其在投资管理专业能力。

（二）资产管理规模

考察基金公司的资产管理规模，较大规模的公司通常能够提供相对更多的资源和专业知识，大型的基金公司可能具有更多的投研团队、更广泛的研究资源和更深入的市场洞察力。

（三）产品选择和多样性

评估基金公司的产品选择和多样性。一家良好的基金公司应能提供多种类型的基金产品，以满足不同投资者的需求，多样化的产品组合可以帮助投资者在不同市场条件下进行资产配置和风险分散。

（四）综合投研能力

了解基金公司的投资研究能力和资源。优秀的基金公司应拥有强大的投资研究团队，能够进行深入的行业研究、公司分析和投资决策，提供独立、客观和准确的研究报告和市场分析报告。对于股票型基金的投资，出色的权益投资团队在组合架构和投研能力上具有相对优势——组织架构上的独立多元化分组架构提升了投研人员的研究深度，不同行业、风格和策略的投研交流机制也进一步促进了投研团队的整体研究广度；具有规模优势的基金公司往往对于投研团队更加重视，投研专业实力能够得到保障。对于债券型基金的投资，基金公司平台的影响会相对更大。这是因为信用债投资依赖基金公司的信用评价体系，同时需要相对较多的研究人员支持，大的基金公司具备天然的优势。在有条件的情况下，投资者可以进一步了解基金公司的信用评级体系人员配置、信用评价框架及尾部风险控制机制，以选择更优秀和更稳健的债券型基金。

（五）客户服务和支持

评估基金公司的客户服务和支持水平。一家好的基金公司应拥有专业的客户服务团队，客户服务团队能够及时解答投资者的疑问和问题。此外，还应了解他们的交易执行能力和账户管理服务，确保投资者的交易和账户操作能够得到高效和可靠的支持。

（六）监管合规

了解基金公司的监管合规情况，确保基金公司遵守当地的法律法规，具有良好的合规记录和完善的内部控制机制。监管合规的基金公司能够为投资者提供更高的安全保障。

综合考虑以上因素，选择优秀的基金产品、风格稳定的基金经理、可信赖的基金公司是构建成功投资组合的关键步骤。通过深入了解投资目标和风险承受能力，研究基金的历史业绩和投资策略，以及评估基金经理和基金公司的能力和声誉，投资者可以做出更明智的基金选择。坚持长期投资策略，定期监测和评估投资组合的表现，并在需要时进行适当的调整和优化，将有助于投资者实现投资目标和获得长期的财务增长。

在金融市场的不断演变中，选择优秀基金是持续成功的基石。相信通过本章介绍的优秀基金的选择要点和策略，投资者能够更好地理解如何做出明智的投资决策，实现稳健的投资增长和财务目标的实现。让我们共同走向智慧投资的道路，开启稳健投资的未来。

本章小贴士

1. 基金投资的核心在于"匹配"和"优势"，选择优秀的基金产品、风格稳定的基金经理、可信赖的基金公司是构建成功投资组合的关键步骤。

2. 普通投资者选择基金时应重点关注以下7个要素，即投资目标和风险承受能力、基金类型、历史业绩、费用结构、基金规模、资产配置/投资管理、新老基金。

3. 评估基金经理主要看4个核心要素，即基金经理的投资背景、投资策略和风格、投资能力、监控绩效。

4. 要获得好的投资体验，必须选择一家可信赖的基金公司，可以从声誉和信誉、资产管理规模、产品选择和多样性、综合投研能力、客户服务和支持、监管合规6个方面进行比选。

5. 投资者要实现投资目标和获得长期的财务增长，建议坚持长期投资策略，定期监测和评估投资组合的表现，并在需要时进行适当的调整和优化。

第五章

常见基金类型的投资技巧

导读：事半功倍——基金投资也需要技巧

陈女士是一名老基民了，她说："我投资基金的目的很清楚，就是为了更好地生活。定投是一种基金投资技巧，它帮助我很好地实现了我的目标。"的确，很多人都越来越认可投资技巧的重要性，并通过一定的投资技巧获得了理想的收益。基金投资有很多投资技巧，且不同类型的基金投资技巧不同。

做基金投资，要想尽可能多地获得投资收益，除了要掌握选基技巧，还需要掌握基金的买卖技巧。基金作为一种理财工具，其最大的优点在于集腋成裘，分散投资，降低风险。投资者应掌握一些基金投资的基本技巧，做一名理性的投资者。

在讨论常见基金类型的投资技巧之前，不妨换一个视角看看基金的特征。第四章中提到，不同的基金有不同的风险和收益特征，投资者在选购的过程中要注重自身的风险承受能力，看是否与产品的风险特征相匹配。现在换一个视角，从期限匹配的角度，看投资者如何结合手中资金的期限匹配不同的产品类型，防止资金期限和产品出现错配。

什么叫作资金期限错配？和机构资金相比，理论上，普通投资者手中的资金都是没有投资期限的，投资一种类型的资产，理论上可以持有无限长的时间，除非资产到期，比如债券到期。但是因为普通投资者在生活中有一些支出计划，比如买房买车、结婚生子等，大部分人所谓的"闲钱"，也终有必须要用的那一天。因此，普通投资者的资金也是有期限的。

假如你手中有一笔钱，现在看这是一笔"闲钱"，但3个月之后你的孩子要上大学，这笔钱就是为他上学准备的。这时候如果把这笔钱投资到股票市场或者股票型基金产品中，就可能会遇到麻烦：虽然长期来看，股票市场能够获取较高的回报，但市场价格波动非常剧烈，且方向上不可以预测。买入之后如果短期面临市场调整，会形成账面上的浮亏。理论上，市场上下波动，这些账面上的浮亏在未来很有可能会随着股票内在价值的提升而被抹平，但什么时候能够抹平是未知的。这时候如果短期之内急用这笔钱，就不得不把这笔钱取出，资金变现之后，浮亏就会变成实实在在的损失。这时候你一拍脑门，想到自己当初为什么不把这笔钱买一只3个月封闭期的债券型基金呢？这就是资金的错配。

一般而言，风险和收益水平较高的基金类型对投资者资金期限的要求更高，从资产配置角度来讲，只有长线资金才适合投资风险较高的基金。一旦出现资金错配，即使挑选基金的手法再高明、选到的基金再优质，也有可能面临损失。

当然也有可能，假如这两年股票市场表现非常好，投资者刚好在大行情之前买入某种股票型产品，而本着"捞一把就跑"的心理又能在高点神奇出手，完成"1年1倍"或者"2年3倍"的壮举（当然大部分人做不到），择时能力之强，几乎可以被归为"玄学"范畴，那么这种情况就不在我们讨论的范围之内。我们还是基于长期资产配置的逻辑，讨论这些基金的投资方法。

明确了大前提，下面探讨不同类型基金产品的投资要点。

一、货币型基金的投资技巧

之前提到，所谓货币型基金，是仅投资于货币市场工具的基金。与其他类型基金相比，货币型基金的风险最低、流动性最好。购买货币型基金的投资者，确实有可能是极端厌恶风险、对资产的流动性和安全性要求都很高的人，但货币型基金的理论收益在所有品种中是最低的，所以很少有个人投资者把它当作长期资产配置的工具，更多人还是把货币型基金当作现金临时存放场所和管理手段。

货币型基金对持有人资金期限的要求最低，申购和赎回都不收费，理论上损失的风险很小，又能够收获比银行活期存款相对高一些的收益。此外，很多货币型基金都能实现快速赎回到账，特定场合还能用作电子付款，比如很多人都熟悉的余额宝。

从收益率上讲，货币型基金本身收益很低，各家货币型基金的差别也不大，普通投资者没有必要太关注。相比于收益率，投资者更需要关注货币型基金的流动性和安全性。货币型基金的选购非常简单，主要看以下几点：

1）成立时间。成立时间长的基金，理论上运作更加成熟，风险也会大大降低。

2）所属基金公司。大基金公司的团队实力雄厚，理论上更加专业、规范，也更加安全。

3）基金规模。应筛去一些规模较小的基金，主要是出于流动性的考虑，规模太小的基金在赎回上有时会稍困难一些。建议选择规模较大的货币型基金更为稳妥。

4）赎回政策。理论上货币型基金是 T + 1 日申赎的：今天申购，下个交易日确认；今天赎回，下个交易日到账。但有些基金公司和销售机构为了满足客户的需求也有代为垫资赎回的，采用 T + 0 模式，也就是当天赎回，当天到账。

5）费率。货币型基金的收益率本来就低，所以费率对收益率的影响就显得很关键了，同等条件下当然要买费率更低的产品。

6）散户占比。散户占比高的基金，潜在大额赎回的冲击更小，基金流动性更好。

虽然关注的点有很多，但从本质上而言市场上的货币型基金差别并不大，投资者更多的还是要从"为什么买"和"什么时候买"的角度去思考和选购货币型基金。

另外，持有人在申购的过程中值得重点关注的是，货币型基金在假期和双休日计算收益的方法。大家知道货币型基金购买的是货币市场工具，这些资产既有价格波动的收益或损失，也有持有资产的票息收入，其中票息收入不分交易日和非交易日，每天都有。但货币型基金在场外采用 T + 1 日交易模式，当天 15：00 前申购，第二个交易日才能确认并计算票息。因此，如果周五 15：00 之前买入是无法获取周六、周日两天的票息的，只有周四 15：00 前申购才能享受双休日的收益，节假日的逻辑也一样。

以上介绍了场外申购的货币型基金的计息规则，场内实时申赎的货币型基金的计息规则略有不同，区别更复杂，但因为投资者接触较少，这里就不做过多介绍了。

二、债券型基金的投资技巧

第二章中提到，债券型基金主要投资债券，以国债、金融债、企业债等固定收益类金融工具为主要投资对象。在开始债券型基金投资前，还需要了解一些与债券及债券型基金有关的知识点。

1）久期。久期最早是由弗雷德里克·麦考利提出的，所以也叫麦考利久期。麦考利久期用于衡量债券的平均到期时间或者平均回收时间，通过加权平均的方法计算债券的加权平均到期时间。这个概念对于普通投资者来说有些难以理解，只需要知道久期是一个衡量利率变化对基金收益率影响程度的指标，久期越长，利率变化对基金收益影响越大，故而短期纯债的利率风险比长期纯债更小即可。

2）信用债和利率债。在债券投资中，最大的关注点是该债券是否会违约，也就是债券的信用水平；其次才是债券的收益情况，也就是债券的利率水平。根据债券的信用状况，可以将其分为信用债和利率债，其主要差别在于是否有政府信用的背书。利率债主要是指国债、地方政府债券、政策性金融债和央行票据。债券的名称中包含国家、地方政府、央行等字眼，也就代表这类债券背后是有政府信用背书的。这些政府机构之外的主体发行的债券就是信用债，具体包括企业债、公司债、短期融资券、中期票据、可转债等品种。购买信用债主要关注的是债券的信用评级。

表 5-1 直观展现了哪些是信用债和利率债。

发行主体	债券品种	登记托管机构
财政部	国债	中央结算公司
地方政府	地方政府债	
中国人民银行	央行票据	
政策性银行	政策性金融债	
汇金公司	政府支持机构债	
商业银行	普通金融债、次级债、混合资本债、二级资本工具、ABS	
国际开发机构	国际开发机构债	
非金融企业	企业债	
中国铁路总公司	政府支持机构债	中央结算公司/上海清算所
非银行金融机构	非银行金融机构债、证券公司短期融资券	
非金融企业	非金融企业债务融资工具（CP、MTN、SCP、PPN、ABN）	上海清算所
商业银行	同业存单	

注：▨ 为利率债；　为信用债。

3）信用风险。简单来说，利率债的发行人基本都是国家或有中央政府信用做背书、信用等级与国家相同的机构，可以认为不存在信用风险；而信用债的发行人则几乎没有国家信用做背书，需要考虑信用风险，与利率债之间存在"信用利差"。发行人作为经营主体的经营状况如何，与信用债的信用风险直接相关。我们常常在报纸或者媒体上看到某某企业破产了、跑路了导致不能按时还钱，这都属于信用风险。

4）利率风险。那利率债有没有风险呢？也会有！利率债的风险主是指因市场利率变动的不确定性而造成损失的可能性。一般来说，影响利率变化的因素主要包括宏观经济环境和货币政策等。在宏观经济环境方面，当经济发展处于增长阶段时，更多的企业要去扩大规模，更多的人要去创业，投资的机会增多，对银行贷款的需求增大，利率上升；反过来，当经济发展处于萧条时期时，投资意愿减少，投资机会减少，对银行贷款的需求利率降低。总结来说，经济上行的时候，利率也是上行的；经济下行的时候，利率也会下行保持低位。

再来看货币政策，当央行扩大货币供给量时，可贷资金供给总量将增加，供大于求，自然利率会随之下降；反之，当央行实行紧缩货币政策，减少货币供给时，供不应求，利率会随之上升。总结来看，就是央行扩大货币供给量，利率下降；央行缩小货币供给量时，利率上升。利率的变化会影响债券价格的变化，利率降低，债券价格提高；利率提高，债券价格下降。因此，债券也是存在价格波动的，即存在一定的风险，但风险整体上比股票低。

为了使资金在投资中发挥的作用最大化，投资债券基金前，投资者首先需要理解债券基金的定位，然后将自身的资金期限、风险偏好或目标收益与不同类型的基金相匹配，最后才是选择某只具体的债券型基金。

债券型基金在投资领域一般有以下三类定位：

1）资产均衡配置的稳定器。在某些时间区间里，股票和债券具有负相关性。也就是说，当股票价格涨得比较高的时候，债券价格正好处于比较低的位置，这就是我们常说的股债"跷跷板"效应。因此，在投资的时候配置不同类别的资产，可以起到一定的对冲作用。

2）中短期资金理财需求。指数型基金需要的投资周期比较长，一般需要3～5年。货币型基金适合1年内的资金打理，随取随用。债券型基金居中，适合1～3年的资金打理。

3）降低资产组合的波动。债券自身的波动比较小，并且债券和指数型基金的波动是负相关的，所以在资产组合中加入债券类资金，能有效降低投资组合的波动。

在个人与债券型基金类型匹配方面，具体来看，不同类型的债券产品，风险收益特征不同，适配的资金期限也不相同，投资者可以结合自身情况进行选择。纯债债基比较常见的是超短债基金产品，它也可以被视为现金管理的一种增强形式。理论上，其风险和收益水平比货币型基金略高，对于资金期限的要求也略高一些。风险和收益再高一些的是短期纯债基金、中短期纯债基金、中长期纯债基金，而可转债基金、二级混合债基这种含权益类资产或资产隐含权益属性的债券型基金风险更高，对于资金期限的要求也更高。

具体如何确定什么种类的债券型基金产品投资多久呢？虽然市场上并没有一个绝对的判断指标，但是有些相对指标可以参考，比如产品的持有期或者费率设置。基金管理人在设计产品的时候，会通过设置最短持有期限制或者调整相应的赎回费率，引导投资者按照产品的设计初衷去持有该产品，从而获取一个较好的持有体验。这就好比去饭店吃饭，菜单上最醒目的、特别推荐的，一定是饭店最建议你点的菜，也是厨师的拿手好菜。

在确定选购某债券型基金之后，下一步就是挑选某只具体的债券型基金。挑选基金的时候需要关注以下五点：

1）基金的成立时间和规模。基金成立时间太短，说明运作还没有稳定，业绩没办法评估，规模太小容易清盘。这些都是需要回避的。

2）历史业绩。对于债券型基金，需要更多地关注业绩表现。最直观的是看基金历年的收益率，尽量选择长期业绩较好的基金，不要太着眼于短期收益。除了看业绩表现，还要看回撤，即市场回调时基金的下跌幅度。对于债券型基金而言，引发回撤的原因可能各不相同：比如某些券种或者某些行业的债券集中出现违约，信用等级较差的债券影响就更大；有些则是由利率水平变动、资金价格调整导致的，久期较长的债券受影响就更大。对照持仓券种和市场行情来看，如果是全市场一起跌，回撤较少的基金就更可靠；如果是市场局部信用风险引发的或者点状爆雷的，不踩雷的基金就更可靠。

3）基金经理的变动情况。如果基金经理经常发生变动，不建议选择，因为业绩得不到保证。

4）费率。费率太高，持有成本就高，最好比较后选择费率低的产品，以节约长时间投资的成本。

5）机构持仓比例。凡是债券型基金，都要看一下机构持仓比例，比较一下散户持有比例高不高。如果散户持有比例基本为零，那么该债券型基金就很有可能是机构定制的，不利于散户投资。

债券型基金的收益获取方式与货币型基金一样，都是票息收益加债券价格变动带来的损益。遇到双休日和节假日，购买时要注意时点的选择，争取赚到周末的票息。

三、股票型基金的投资技巧

按照资金期限与产品相匹配的逻辑，股票型基金的理论风险收益更高，需要的资金期限也更长。一般而言，3～5年以上的闲置资金比较适合投资于股票和股票型基金产品。这并不是说买入一只股票型基金一定要持有3～5年，而是当有一笔3～5年不用的闲钱时，不会因为"急用钱"而赎回基金，能更加从容地面对市场波动，也有更充裕的时间等待上涨市场的到来。

债券型基金有票息打底，承受了波动的损失还可以用持有时间来弥补，而股票型基金如果买在了高位，就真的有可能出现长期的浮亏。因此，对于股票型基金，不但要看资金期限，还要看自己的风险承受能力，简单来说就是最多能接受损失多少本金。要知道，30%左右的最大回撤对于股票型基金来说可能是家常便饭。

另外，股票型基金或其他含有权益资产的基金在资产配置中所占的比例，对投资者来说同样很重要。如果股票资产占比过高，个人资产净值对于股票市场波动的反应就会更加敏感。因此，在投资股票型基金之前，请先考虑清楚以下三个问题：你的资金期限长短如何，个人风险承受能力如何，权益类资产的配置占比多少。

了解了股票型基金的风险，应该如何挑选相关产品呢？不同的股票型基金，需要关注的重点各不相同，下面具体讨论不同类型的股票型基金投资需关注的重点。

按照管理方式分，股票型基金可以分为主动股票型基金和股票指数型基金；按照投资范围分，股票型基金可以分为均衡配置股票型基金和行业主题股票型基金。除此之外，某些特殊的股票型基金也有需要注意的方面。

（一）主动股票型基金

主动股票型基金，指80%的基金资产投资于股票，且管理方式以基金经理主动管理为主，而不是跟踪某一指数的基金。按照投资范围来分，主动股票型基金分为均衡配置型基金和行业主题型基金。基金到底属于哪一类，要看基金合同对投资范围的具体约定，也要看基金长期持仓的变化。

在投资主动股票型基金的过程中，主要应关注以下7个方面。

1. 确定投资范围

假如你家里来了客人，你想款待他，这时候你是请他去湘菜馆、川菜馆、粤菜馆，还是去菜场买菜在家烹饪一桌"满汉全席"？当然，想要客人满意，还得看客人的口味偏好。

同样的，投资者根据自己的投资偏好，可以选择投资行业主题型基金，也可以选择均衡配置型基金。这两者的区别在于投资于某行业的比例情况：行业主题型基金的投资主要集中在某个行业或主题上，一般投资某个行业或主题的比例需要大于80%；均衡配置型基金则没有这个限制，可以在全市场多行业选择，通常把这一类基金简称为"全市场基金"。

那么如何快速区分一只基金是行业主题型基金还是均衡配置型基金呢？

1）看基金合同。上文已提到，若在基金合同的投资范围中看到"投资于某某相关行业、相关主题股票的比例不低于非现金基金资产的80%"，基本可以确定这就是行业主题型基金。

2）看业绩比较基准。同样以创金合信工业周期基金的基准为例。可以看到，这只基金的业绩比较基准是：90%中证工业指数收益率＋10%人民币活期存款利率。一般而言，行业主题型基金对标的基准是相应行业的指数，虽然具体占比可能不同，但一般都会大于80%。

3）可以从历次季报中看行业集中度，通过持股明细判断该基金是否是行业主题型基金。看重仓股不仅有助于识别是哪个行业主题的基金，还有助于识别哪些是"伪行业主题型基金"，若出现实际投资的股票与基金合同或者宣传材料约定的行业主题不一致的情况，可能是出现了风格漂移的问题。

有投资者会问，均衡配置型基金和行业主题型基金有没有好坏之分？选哪种基金更好？在回答这个问题前，可以先打个比方："西天取经的道路选择"。

基金公司提供了两种路径供普通投资者选择：一种路径是借力，就是加入唐僧师徒的队伍一道去西天取经；另一种路径是借工具，就是自己选择当孙悟空或者猪八戒又或者沙和尚，带着自己认为最厉害的武器一个人踏上西天取经之路。

很明显，借力的好处是选择了"多面手"，对应的就是多行业均衡投资的基金经理，你和他一起去西天取经，他负责给你打怪，你负责跟着他走。面对一路上的各种妖怪，基金经理可以根据经济发展、行业轮动等实际情况不定时启用孙悟空或者猪八戒或者沙和尚，无须受投资范围和行业投资比例的限制。因此，在我国经济长期向上发展的大背景下，均衡配置型基金大概率能帮助我们完成取经任务，获得一个市场平均收益，因而适合风险偏好适中的投资者。

借工具，顾名思义就是先选好角色，再从武器库中挑选西天取经路上的神兵利器，如孙悟空的金箍棒、猪八戒的九齿钉耙、沙僧的降魔杖等，对应的就是行业主题型基金中的各个分类。如果能选中当年的风口行业，实现"翻倍基"就不是痴人说梦了。

行业主题型基金最大的特点就是标的较为集中，与所在行业的关联度极高。因此，当行业站上风口浪尖时，基金业绩自然十分亮眼；当风口过去或者行业遭遇"黑天鹅"时，对基金业绩的影响很大。因此，行业主题型基金更适合风险偏好较高的投资者。对于行业主题型产品而言，最大回撤和波动率等指标反映了基金经理的风格，波动较大往往是一种特色，无所谓优劣，但如何利用这种特色则考验着基金投资者的智慧。

2. 判断产品业绩来源

买股票型基金就是为了追求更高的回报，所以业绩表现是我们最关注的要素，但如何衡量一只股票型基金的业绩则大有门道。

股票型基金的主要资产是股票，意在赚取股票波动的收益，股票波动带来的收益一般分为两部分：一是"坐电梯"收益。你从 1 楼坐电梯到 5 楼，无论你在电梯里是做引体向上、俯卧撑还是干脆躺平，都可以从 1 楼到 5 楼。股票也一样，有些股票所处的行业正巧处在风口之上，而"风口之上，猪都能飞起来"。股票因为本身被归为某种属性（最常见的是所处某种赛道或者行业，这种要素的影响力最强，也有可能是具有某种风格因子，比如大盘、红利、成长等）而带来的市场关注和价格波动，我们称之为贝塔波动。二是"尖子生"收益。"尖子生"的表现比其他人好，有些股票所处的行业整体默默无闻，但是因为某些个股自身表现特别优秀，股价与同行拉开了差距，我们称之为阿尔法波动。阿尔法和贝塔是两个相对的概念。

举个例子，Z 股票是银行股，那么对于银行整个板块而言，Z 的价格偏离就是阿尔法波动，银行板块波动是贝塔波动，而银行指数相对于全市场而言，它的偏离就是阿尔法波动，大盘行情是贝塔波动。阿尔法的捕捉主要依靠基金经理，而贝塔波动的原因就相对复杂，判断行业贝塔的机会往往很困难，需要结合宏观趋势、产业趋势和具体的数据去做分析。投资者要想判断贝塔机会，需要收集多方面的信息，还需要听取基金经理对投资趋势的分析，并尝试运用自己的认知水平进行判断，并在投资过程中不断地用实践去检验它。

很多投资者购买基金图的是省心省力，没有过多的时间和精力做研究。按照申银万国证券对股票行业的分类，全市场一级行业有 31 个、二级行业有 134 个、三级行业有 346 个，每个行业都有自己的特点，即使是基金经理也无法看懂所有行业，普通投资者更不需要一一去做细致研究。如果想获取某些行业的贝塔收益，可以买对应行业的指数型基金，这类基金的投资目标是尽可能与指数业绩保持一致，缩小跟踪偏离度和误差，与跟踪的指数基本是同涨同跌。也可以关注一些"长牛行业"，如医药、消费、科技、互联网等。还有一些比较稳定的板块也值得长期投资，如银行、公共基础设施等。有些行业具有对冲作用，比如军工、有色等；有些行业弹性较大，如券商等。要知道更多行业特征方面的知识，可以阅读合信岛编著的《跟着基金经理学投资》进一步了解。

3. 考察产品规模和成立时间

第四章中提到，合适的产品规模很重要，规模小的基金有可能面临清盘，规模大的基金因为有"双十"的限制，基金经理的投资范围和比例也会受到影响。通常认为，2亿元规模以下的基金容易面临清盘风险，100亿元以上的基金规模非常大。具体选择什么样的规模，投资者可以根据自己所投资的基金的类别、投资的行业空间、基金经理的知名度等因素综合判定。

基金成立时间越久，可以考察的业绩越长，运作越成熟，也就越有优势。基金成立半年即可对外披露业绩，一般考察基金的业绩指标有近1年、近3年、近5年业绩等，以及在同类型基金中的业绩排名，投资者可以结合这些数据判定该基金业绩是否优异。

4. 甄别基金经理

投资是经验的艺术，资深的投资者往往更有优势：一般而言，3 ~ 5 年是基金经理形成自身风格的探索时期，5 ~ 8 年投资年限的基金经理风格相对成熟稳定。学术、经验背景和知识体系也很重要，具有某一行业学术或实业经验背景的基金经理，在管理产品时往往对行业的理解更加深入。同时，基金经理变更期前后往往是基金考察的关键时期，要关注基金经理变更前后基金表现的变化。第四章详细阐述了选择基金经理的指标，可以参考。

5. 选择基金公司

第四章介绍了可以从以下几个方面考察基金公司：声誉和信誉、资产管理规模、产品选择和多样性、综合投研能力、客户服务和支持、监管合规等。

6. 资金分批入场

一把"梭哈"并不是明智之举，如果无法判断市场未来趋势，就采用"基金定投"的方式分批买入，既减少了一次性投资压力，也淡化了择时，分摊了投资成本。

7. 时点与趋势

这一点对购买行业主题型基金的投资者特别重要，有时候选对时点甚至比选对基金更重要，因为如果时点不合适就有可能踏空。对于看好的主题基金，如果不能很好地判断贝塔趋势，一定要在相对低位提前进场，避免高位接盘。很多行业或主题基金之所以受到关注，是因为它短期暴涨，一下子成为热门基金，如果这个行业或主题经历了短期暴涨，很大程度上与之相关的股票价格已经透支了未来一段时间的上升空间，如果定力不足、跟风买入，很有可能成为"接盘侠"。

（二）股票指数型基金

股票指数型基金是指以股票指数作为投资标的的基金，通常采用被动管理方式，即以跟踪股票指数为目标，以复制和追踪标的指数表现为主，目的是获得与标的指数大致相同的收益率。

挑选这类基金要比主动股票型基金轻松得多。被动股票型基金也分为宽基指数型基金和行业主题指数型基金，有些类似主动股票型基金中的均衡配置型基金和行业主题股票型基金。基金采取复制指数的策略，不用过多考虑基金经理的因素，业绩一般会紧密跟随相关行业指数涨跌幅。换句话说，选择的时候只要看所处行业、主题、风格或者市场整体的贝塔收益，而不用考察基金选股的阿尔法能力。这也就意味着，买入的位置和行业、市场整体的贝塔趋势至关重要，同时高位也需要止盈。

另外需要注意的一点是，有些行业会有多个细分指数，不同指数的侧重点可能不同，有些指数权重股可能集中在行业上游，有些可能集中在行业中游或者下游，这就需要投资者去搜索查看这个指数的编制规则，查看权重股都是哪些。

对于指数增强型基金而言，基金在跟踪指数的同时，在跟踪偏离度上的约束要更小一些，基金经理可以在一定范围内做主动偏离，获取超越指数的收益。当然指数增强的方法有很多，如新股申购、衍生品交易、融资融券等，不需要具体了解它通过什么策略获取超额，只需要知道它"增强"的结果最终会反映到基金的净值上来。因此，在考察指数增强型基金的过程中，业绩方面也要考察相对基准的超额收益，可以引入之前提到的信息比率指标。

四、混合型基金的投资技巧

混合型基金产品种类繁多，不同种类的投资目标各不相同，所以对基金观察评价的角度也有差别。下文分析在选购混合型产品的过程中应注意什么。

根据权益资产占基金投资的比重，混合型基金可以分为偏股混合型、平衡混合型、偏债混合型和灵活配置混合型。在所有混合型产品中，债券本身的收益率并不是基金考察的重点。债券作为抵御风险的主要手段，它"盾"的作用要大于"矛"的作用，应更加关注混合型基金中债券部分资产的安全性而不是收益性。至于权益资产的部分，可以参照股票型基金的相关准则。

偏股混合型基金选基的策略基本可以参考股票型产品。虽然偏股混合型基金产品中也有很多行业主题型产品，但理论上其股票资产占比比普通股票型基金更灵活，多为60%~95%。这给基金经理在股债大类配置上留下了更多腾挪的空间，基金经理可以根据市场行情来决定股票仓位的高低。因此，偏股混合型基金的回撤控制优于普通股票型基金，但具体的回撤情况仍依赖基金经理的水平。

平衡混合型基金更加重视股债配比的均衡性，以应对市场的波动。如果说股票型产品和偏股混合型产品主要在于追求跑赢业绩基准的相对收益，那么大部分平衡混合型产品则追求净值每个阶段的风险收益比最优，实现净值长期稳定的增长。在申购相关产品的过程中，投资者需要特别观察平衡混合型基金的波动率和回撤控制等相关指标。

偏债混合型产品是一种追求绝对收益的产品类型，因为有绝大部分债券仓位打底，净值表现和回撤控制都显得比较稳健，此时不同产品之间，谁能创造债券资产基底上的超额收益谁就显得更加重要。这里介绍偏债混合基金中的一种代表性策略——"固收＋"策略。

"固收＋"是一种投资策略，分为"固收"和"＋"两部分。"固收"，全称是固定收益，是按预先规定的票面利率支付的收益，是收益确定性更高、风险更小的资产，一般指债券。"＋"包括股票、新股申购、可转债、股指期货、国债期货等一类或多类资产的投资，在保证产品波动率之下增强收益。"固收＋"产品大部分资产投资于债券等固定收益类资产，在争取基础收益的同时，通过配置"＋"弹性资产提升整体收益，实现长期稳健的投资回报。

"固收＋"产品收益风险特征介于股票型基金和债券型基金之间，兼具债、股双重优势，进可攻退可守。从资产配置比例角度看，"固收＋"产品股债配置比例一般为10∶90、15∶85、20∶80和30∶70等，随着股票配置比例的增加，产品波动性也会随之增加。

在对"固收＋"产品的选择上，首先要有一个合理的回报预期。对于追求绝对收益的产品，除了考察业绩本身的增长率，还可以使用一个风险调整后收益指标——夏普比率。夏普比率＝超额收益/波动率，通常产品的夏普比率越高，投资者承担特定风险就越能获得更高的潜在收益率，比较适合衡量绝对收益型产品。

投资"固收＋"产品，需要基金经理具备资产配置能力。相比于股票型基金和债券型基金，"固收＋"产品涉及股票和债券等资产，基金经理需要把握多类细分资产的投资机会，需拥有丰富的大类资产配置能力。通常"固收＋"产品会配备多名基金经理，不少"固收＋"产品都采用固收和权益双基金经理搭配的模式。

还有一类比较特殊的混合型产品，被称为灵活配置混合型产品，合同规定股票投资占基金资产的比例为0～95%，变化幅度非常大。这种基金的优点很明确，灵活的仓位配置可以让基金经理将大类配置方面的能力发挥到极致，顺风盘中可以"满仓上"，逆风盘中可以"打空仓"。这种基金的缺点也很明显，非常考验基金经理的能力。根据灵活配置型产品股票仓位的比例，往低可变为一只债券型基金，往高可变为一只股票型基金，要求基金经理的能力圈覆盖债券和股票，这实际上很难。如果基金经理的能力不足，则灵活配置型产品的业绩表现可能既不如偏股型基金，也不如偏债型基金。同时，这类基金的业绩也不好比较，虽然理论上这种产品进可攻退可守，但因为对投资比例几乎没有限制，所以全市场灵活配置型基金运作风格差别极大，进行业绩评价时还需要将具体的灵活配置型基金按照其股债配比分别归为不同类型的基金进行比较。目前，基金新发市场已经很少有此类产品，主要是存续中的老产品。

以上是对一些主要类型的基金投资关注重点的介绍，可以简单将其归纳为表 5-2。

表 5-2　主要类型基金投资的关注重点

关注重点	货币型基金	债券型基金	偏债混合型基金	平衡混合型基金	偏股混合型基金	股票型基金
对买入择时的要求	C	C	C	B	A	A
对绝对收益的要求	C	A	A	B	C	C
对相对收益的要求	C	C	C	B	B	A
对最大回撤的要求	C	B	A	A	B	C
对波动率的要求	C	B	A	A	B	C
对资金期限的要求	C	C	B	A	A	A
基金经理	①从业年限长，经验丰富的为佳；②长期管理这只产品的为佳；③具有相应的学科和工作背景的为佳；④风格适宜当下市场和产品类型的为佳					
基金公司	公司越大，研究能力越强，理论上表现会更好，但也不尽然					
基金规模	规模不宜过小，防止清盘，但也不宜过大，否则基金经理获取超额收益的难度会加大					
基金费率	相同类型、相同条件下选择综合费率最低的基金产品					

注：A—非常重要；B—比较重要；C—不太重要。

本章小贴士

1. 投资货币型基金主要看 6 点：成立时间，所属基金公司，基金规模，赎回政策，费率，散户占比。

2. 投资债券型基金主要看 5 点：基金的成立时间和规模，历史业绩，基金经理的变动情况，费率，机构持仓比例。

3. 投资主动股票型基金主要看 7 点：投资范围，产品业绩来源，产品规模和成立时间，基金经理，基金公司，资金分批入场，时点与趋势。

4. 投资股票指数型基金主要看 7 点：所处行业，主题，风格，市场整体贝塔收益，指数编制规则，权重股，相对基准的超额收益。

5. 混合型基金的投资技巧因不同种类产品所满足的投资目标而不同，主要关注混合型基金中债券部分资产的安全性、平衡混合型产品的波动率和回撤控制等。

第六章

基金新势力

导读：理财早规划——让退休生活更美好

郑先生现年60岁，居住在一个小县城，已经达到退休年龄。他的儿子博士毕业后留在大城市工作，因房价高，倾全家所有才勉强付上一套80平方米小两居住房的首付款。年轻人工作忙，房贷压力大，平时无暇顾及郑先生老两口。但郑先生老两口的退休生活不但没有因没有储蓄而拮据，反而过得有滋有味。每次提到这一点，郑先生都喜笑颜开："我们老两口在工作期间就购买了养老主题的基金，现在已取得了非常不错的收益，再加上我们的退休工资，一点压力都没有啊！"

原来，郑先生属于提早规划养老生活的"先行者"，早早就购买了养老主题的基金产品，为自己的退休生活提供保障和安全感。他们老两口现在特别庆幸自己当初的决定，提前为未知的未来做好了准备。

一、指数型基金和 ETF 基金投资技巧

当我们向身边的资深投资者寻求基金投资建议时，经常会听到这样一句话："如果你不知道买什么基金，就买指数型基金吧。"从沃伦·巴菲特的世纪赌局中，我们了解到，大概50%的股票型基金跑不赢指数型基金，只有少数优秀的基金能获得超额收益。

2005 年，沃伦·巴菲特提出了一个赌金为 50 万美元的公开赌约：如果有人可以至少选出 5 只主动管理的基金在未来 10 年的平均收益高于标普 500 指数，他就捐出 50 万美元，否则对方就捐出 50 万美元。2008 年，基金经理泰德·西德斯接受了这一赌约，押注了他精选出来的 5 只主动型 FOF 基金。2017 年 5 月，泰德·西德斯承认他失败了。在这 10 年赌约期间，标普 500 指数获利大幅超过那 5 只主动型 FOF 基金。

指数型基金被认为是投资新手的入门基金，很多投资者在开启基金投资时往往会从一只指数型基金开始；同时，因为指数型基金具有投资分散性特征，成为众多基金投资熟手的配置之选。Wind 数据显示，截至 2023 年 9 月 30 日，指数型基金的规模已经超过 2.4 万亿元，市场对指数型基金的认可度不断提高。

（一）什么是指数型基金

指数型基金是什么？应该如何投资？首先，我们需要了解什么是指数。指数是按照某种规则选取的一揽子股票集合，它反映了这一揽子股票所代表的某一股票市场的涨跌趋势特征。市场上有数以千计只股票，用什么办法反映今天的行情呢？看看股票指数今天是涨是跌就知道了。

举个日常生活中常见的例子：判断一个班级的数学平均水平。我们把这个班级中每一名同学的数学成绩相加之后求平均数，这就得到了该班的"数学成绩指数"。这个"数学成绩指数"的走势就可以反映这个班级的平均数学成绩走势。

指数型基金就是追踪某种指数的基金产品，它以该指数的成分股为投资对象，通过购买指数的全部或者部分成分股来构建投资组合。因为指数型基金持有股票的种类、数量、比例都与指数十分接近，所以指数型基金的表现也与指数非常接近。换句话说，指数型基金把指数这个抽象的概念变成了可以实际交易的产品。比如你买了中证 500 指数型基金，就如同拥有了一定份额的沪深两市的 500 只股票。如果中证 500 指数涨了，你买的指数型基金大概率也会赚钱。

（二）指数型基金的分类

1. 按跟踪指数成分股的覆盖范围划分

根据是否限定投资行业，指数型基金分为宽基指数型基金和窄基指数型基金。宽基指数指的是成分股数量多且覆盖面广、涉及多个行业的具有相当代表性的组合指数。A 股中常见的宽基指数有沪深 300 指数、创业板指数、上证 50 指数、深证 100 指数、中证 500 指数等。窄基指数就是那些集中投资的特定的一些策略类、风格类、行业类、主题类的相关指数。窄基指数型基金又进一步划分为行业指数型基金、主题指数型基金、策略指数型基金。

2. 按交易方式划分

按交易方式不同，指数型基金分为场内指数型基金和场外指数型基金。

1）场内指数型基金。场指的是交易所，场内指数型基金就是在交易所内上市交易的指数型基金，需要投资者在证券公司开户，使用交易软件交易、申购赎回。一般来说，场内指数型基金交易量大、交易频繁。ETF 基金就是场内指数型基金的典型代表，因为 ETF 基金的投资特殊性，稍后篇章将做重点介绍。

2）场外指数型基金。不能在交易所直接买卖，需要通过证券公司、基金公司、银行柜台等销售平台申购赎回的就是场外指数型基金。场外指数型基金品种更多，包括全部的开放式基金，还能设置定投自动扣款，非常方便快捷。

（三）指数型基金的优点

指数型基金究竟有什么魔力，被动跟踪指数却能打败大量主动管理型基金。这得益于其具有很多得天独厚的优势。

1）可以获得目标市场的平均收益，不用担心踩雷或者踏空，当然也无法获得超额收益。

2）日常涨跌（波动）幅度远低于绝大多数个股。

3）不会出现个股停盘无法交易的情况。

4）指数包含多只股票，不容易被市场操控，不用防范抬轿子或接盘的风险。

5）不断优胜劣汰。由于指数不断根据市值、成交量等指标调入代表性股票，会根据市场指标择优选择。

对于投资者来说，还有一个需要划重点的优势：指数型基金的运作成本较低，市场上大部分指数型基金的管理费率比股票型基金低一半甚至一半以上。

（四）指数型基金的投资技巧

1. 确定要投资的指数

指数型基金的投资很大程度上依赖于指数的选择，选择的指数涨了，指数型基金的收益自然也差不了。因此，指数型基金投资的第一步是确定要投资的指数。

指数目前有以下 5 种分类，不管是我们平时所说的宽基指数，还是时不时上一下热门的行业指数，都属于这 5 种分类框架。

1）按照编制的方法，可以分为市值加权指数、等权指数、价格加权指数。

2）按照成分股覆盖面的广度，可以分为宽基指数与窄基指数。

3）按照标的物的类型，可以分为股票指数、债券指数、期货指数等。

4）按照上市板块，可以分为上证指数、深证成指数、创业板指数等。

5）按照指数的主题，可以分为规模指数、行业指数、策略指数、风格指数、主题指数等。

以沪深300指数为例。这是一个跨市场指数，是从上海和深圳证券市场中选取了300只规模大、流动性好的股票作为样本；覆盖了沪深市场60%左右的市值，具有良好的市场代表性，是一个大盘指数。像这种成分股覆盖面较广、包含行业种类较多、能代表整个市场走势的指数就是宽基指数。对应的，窄基指数是指集中投资的特定的一些策略类、风格类、行业类、主题类的相关指数，指数风格非常鲜明。它只选择相关行业或主题，剔除了其他股票，可选范围相对宽基指数要小，如医药指数、工业指数、白酒指数、养老指数、"一带一路"指数等。

宽基指数因其覆盖面广，代表某市场的整体走势，适合定投或长期持有；窄基指数的风格更加鲜明，适合判断行业景气度到来时投资。

那么大盘指数和中小盘指数又该如何选择呢？对于国内A股的上市公司，按照总市值的规模将其股票划分为大盘、中盘和小盘三类。大盘指数一般是在沪深两市主板上市的市值比较大的公司的集合，中小盘指数则是大盘指数的替补指数。当中小盘指数中的股票达到一定规模时，也可成为大盘指数成分股。

一般来说，大盘指数成分股都是市值比较大的蓝筹股，优点是稳定、安全性高，缺点是成分股已过高速发展时期，成长上限可能没有那么高了；中小盘指数的成分股市值没那么大，大多数公司处于发展期，成长性更好，但缺点也很明显，业绩不太稳定。

判断指数的特点，可以通过查看指数的编制方案、成分股行业分布、前十大重仓股特征、历史业绩走势等数据。另外，估值也是判断指数当前是否适合买入的重要参考指标。如果判断一只指数非常优秀，但其目前估值过高，也不适合投资。因此，既要研究清楚指数，也要参考其估值，投资低估或者估值正常的指数，其安全边际会更高一些。

2. 跟踪指数的优秀基金

挑选完指数，第二步是筛选跟踪该指数的优秀基金。筛选基金时，建议考虑以下 5 个指标。

（1）场内指数型基金 vs 场外指数型基金

前文提到，不能在交易所直接买卖，需要通过证券公司、基金公司、银行柜台等销售平台申购赎回的是场外型指数基金；能在交易所上市交易的叫作场内指数型基金，ETF 基金就是场内指数型基金的典型代表，投资者可以像买卖股票一样在交易所买卖 ETF 基金。

ETF 基金相对于场外指数型基金具有以下 4 点优势：

1）交易费较低。ETF 基金的管理费低于场外指数型基金，且没有申购费和赎回费。

2）运作成本低。ETF 基金具有独特的实物申购赎回机制，有利于降低基金的运作成本。与一般的封闭式或开放式基金相比，ETF 基金的管理费在所有类型的股票型基金和指数型基金中是最低的。

3）有套利优势。ETF 基金可以在场内和场外交易，当基金出现溢价或者折价时，可以从中套利。

4）资金使用率高。ETF 基金在盘中有实时价格，大部分投资品种的买卖效率可以做到 T + 0 日，实现当天买入，当天卖出。场内卖出 ETF 基金后，资金当时可用，第二日即可提现，节约资金到账时间。而一般基金申购通常 T + 1 日确认，赎回通常 T + 2 日到账。

不过，ETF 基金也有其劣势，如下：

1）ETF 基金是在场内交易的，所以投资者需要开设一个证券账户才能投资 ETF 基金。

2）ETF 基金是实时交易的，如果投资者希望做套利交易，就需要实时盯盘，并且套利交易需要投资者有能力选择买卖的时机才有更大概率赚钱，而普通投资者很难具备择时能力。

3）场内能看到 ETF 基金的实时涨跌幅，投资者更容易频繁买卖，很难做到长期持有。

相对 ETF 基金而言，普通的场外指数型基金品种更多，包括全部的开放式基金，还能设置定投自动扣款，更加省心便捷。同时，因为场外指数型基金是 T + 1 日确认 T 日净值，所以避免了投资者频繁操作，更有利于长期持有。

（2）基金成立年限

如果基金成立年限太短，就无法判断这只基金能否很好地跟踪指数、抗风险能力如何、跟踪误差是否合理等。因此，建议选择成立 3 年以上的基金，便于获取其收益率、跟踪误差等信息。

（3）基金规模

规模太小的基金存在被清盘的风险，且在面临大额赎回时可能会出现暴跌的风险。建议挑选基金规模在 2 亿元以上的基金。

（4）跟踪误差率

判断一只指数型基金好坏的关键甚至不在于收益率，而在于跟踪误差率。误差率越小，说明基金运作水平越高，能很好地复制指数。应选择跟踪误差小于 0.2% 的基金，能小于 0.1% 更好。

（5）运作费用和交易费用

运作费用主要包括管理费、托管费和指数授权费三部分。交易费用主要有申购费、赎回费和销售服务费。这些费用都需要从投资者及其购买的基金中收取，费用越低，成本越低。

二、FOF 和 MOM 基金的投资技巧

随着基金的大热，不仅股票型基金、债券型基金、货币型基金、混合型

基金等常见的基金类型为人们所熟知，FOF 和 MOM 这两类特殊类型的基金也进入大众视野。因为互联网基金销售平台的兴起，FOF 和 MOM 基金也因其英文缩写被网友戏称为"爸爸基"和"妈妈基"而走红。我国首批公募 FOF 基金诞生于 2017 年 10 月，首只公募 MOM 基金发行于 2021 年 1 月，虽然发行时间不长，但增长迅猛。

（一）FOF 基金的投资技巧

前文提到，FOF，"Funds of Funds"，翻译过来就是"基金中的基金"。普通开放式基金投资的是一揽子股票、债券和货币等，FOF 投资的则是一揽子基金。换句话说，买入一只 FOF 基金就相当于同时买入了多只基金，或者可以理解为买入了一个基金的组合，如图 6-1 所示。

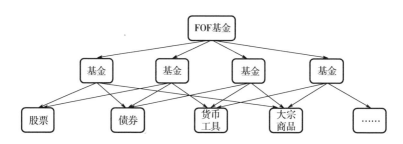

图 6-1　FOF 基金示意图

FOF 基金最早诞生于美国，最初形式是投资一系列私募基金的基金组合，经过发展最终进入公募基金领域。在我国资本市场中，FOF 基金是"刚出道的新人"，尽管发行时间比较短，但市面上已经诞生了各种类型的 FOF 基金。

与普通开放式基金类似，根据投资范围不同，FOF 基金也可以分成股票型 FOF 基金、债券型 FOF 基金、货币型 FOF 基金、混合型 FOF 基金及其他类型 FOF 基金。股票型 FOF 基金、债券型 FOF 基金、货币型 FOF 基金分别指将 80% 以上的资产投资于股票型、债券型、货币型基金份额，混合型 FOF 基金是将资金投资于多种不同类型的基金份额中，其他类型 FOF 基金则是将

80%以上的资产投资于股票、债券、货币之外的其他类型的基金份额，如商品期货基金份额。

按投资策略，FOF基金可以分为主动FOF基金、被动FOF基金、混合FOF基金。主动FOF基金是指根据管理人对市场的判断，自主选择相关的基金，并决定买卖数量、持有时间长短等。被动FOF基金则是FOF基金母基金采用指数编制的方式或者采用特定的投资比例对子基金进行投资并做定期调整，而被投资的子基金为被动管理型基金。混合FOF基金则是可以同时有上述两种策略的产品。

基于对这些FOF基金分类的了解，投资者可以根据自己的实际情况，如投资偏好、收益目标、风险承受能力、投资理念等，选择适合自己的品种。

每当市场行情低迷或者频繁震荡时，FOF基金就会备受投资者青睐，这是因为FOF基金的收益与普通基金不同，它的收益有两层来源：第一层是基金筛选，也就是组合中基金的收益。这一部分与单只基金并无二致。第二层是资产配置，也就是对各类资产按照特定比例进行的搭配组合，实际上这才是FOF基金赚钱的关键，也是单只基金难以实现的部分。全球资产配置之父加里·布林森说过，从长远看，大约90%的投资收益来自成功的资产配置。如果在2010年前后在一线城市买了房，或者在2005年和2014年买了股票，这些资产的收益可能比其他绝大部分投资都要好，这就是资产配置的魔力。FOF基金就是在不同的市场环境下对股票型基金、债券型基金、期货型基金、REITS基金等不同资产进行配置，以期在各类市场获得可观收益。

除此之外，FOF基金相对单只股票基金还有一些其他的特点，具体如下：

1）风险相对单只股票基金更分散。如果说，买基金是把鸡蛋放到不同的篮子里，那买FOF基金就是把篮子放到不同的车上。基金是一揽子股票，相对单只股票风险更为分散；同样的，FOF基金是一揽子基金，相对单只基金风险也更为分散。在牛市中，FOF基金的收益弹性可能没有单只股票基金大，但在熊市和震荡市里，FOF 基金则能借助资产配置使风险和波动相较股票基金更小。

FOF 基金是如何借助资产配置来平滑风险的？如图6-2 所示，有 A、B 两只基金，A 和 B 的波动性都比较大，唯一不同的就是两者的波动方向完全相反，呈现完全负相关，将 A 和 B 按照1∶1 的情形进行一次配置和组合后，形成了中间的斜向上的直线。这条直线稳稳向上，最终收益与 A 和 B 的收益一样，而因为中间没有波动，能够产生非常明显的复利效应。

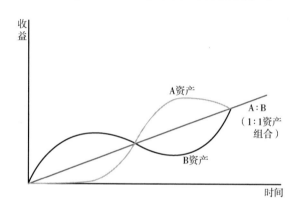

图 6-2　FOF 基金的配置原理

2）与自己筛选基金建组合相比，FOF 基金的基金经理更加专业。前面提到，资产配置是 FOF 基金主要的收益来源。如果用烹饪来类比资产配置，"米其林三星"餐厅的很多食材与我们自己在市场上买的并没有本质差别，但为什么他们的厨师就能做出更美味的食物，我们自己烹饪得就比较普通呢？这就是配置的艺术。他们的厨师深谙怎么拿捏火候、怎么精确配比食材、怎么精准放置调料，以保证持续的美味口感。在资产配置上，基金公司一般是配备专业团队进行研究，对宏观、股票和债券配比及个股都有深入研究，并且 FOF 基金的基金经理对基金的研究更加深入，在资产配置下挑选基金的能力更加成熟、经验更加丰富。相比于大多数投资者自己建基金组合，购买

FOF 基金在专业上更有保障。

在挑选 FOF 基金时，投资者除了要考察"选择公募基金"一章中所提到的选择基金的指标、选择基金经理的指标和选择基金公司的指标，还需要了解该 FOF 基金的投资目标和投资策略，选择与自身投资目标和风险偏好匹配的 FOF 基金。

（二）MOM 基金的投资技巧

前文提到，MOM（Manager of Manager）翻译过来就是"管理人中的管理人产品"，由 MOM 基金管理人通过长期跟踪、研究基金经理投资过程，挑选长期贯彻自身投资理念、投资风格稳定并取得超额回报的基金经理，以投资子账户委托形式让他们负责投资管理的一种投资模式，如图 6-3 所示。

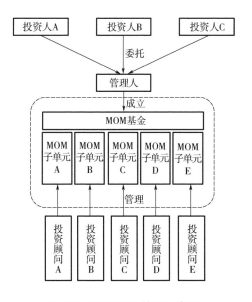

图 6-3　MOM 基金管理示意图

如果把 MOM 基金比作一支专业的篮球队，那么它的首发有 5 个人，每个人的位置和定位都不同，有控球好的控卫，有得分能力强的得分后卫，有既能得分防守又好的小前锋，有大局观好的大前锋，还有防守好、善于抢篮板的中锋。同时，一支强大的阵容还需要一位好教练。MOM 基金的管理人就好比篮球队的教练，球员们就好比投资顾问，管理人会根据投资顾问的能力擅长领域做好投资顾问所管理资产的类别和权重分配，并且会根据市场行情的变化为 MOM 基金提供最优的资产配置比例方案。

MOM 基金在境外属于一类成熟的资产管理产品，具有"多元资产、多元风格"的特征，既能体现管理人的大类资产配置能力，又可以发挥不同投资顾问的特定资产管理能力。2020 年 12 月 31 日，鹏华、华夏、建信、招商、创金合信 5 家基金公司旗下的首批 5 只公募 MOM 基金正式获批，此后陆续成立，国内公募 MOM 基金投资开始起步。

对比单只基金，MOM 基金也有其独特的优势，如下：

1）投资决策上，一般单只基金资产配置与选股完全集中于基金经理一人，虽然决策效率高，但毕竟个人能力有限，难以全能全智，容易产生失误；MOM 基金的资产配置与选股相分离，母管理人与子管理人各自发挥专业领域优势。

2）投资风格上，一般基金一个风格会配置一两位基金经理，但基金经理的个人精力是有限的，所擅长的风格、行业等也相对有限。MOM 基金汇集多个优秀投顾，其所擅长的风格和行业得以互补。管理人与投顾形成合力，由此形成的投资能力圈比优秀基金经理单打独斗好很多，业绩波动相对更小，净值表现通常更稳定。

3）投资监督上，普通基金投资与风控集中在一家基金公司。MOM 基金投资与风控分属不同基金公司，双重风控。

MOM 基金的优势可以归纳为一句话："配置更多元，投资更专业，风控更有效，费用结构更简单。"

投资者在选择 MOM 基金产品时，需要重点关注基金管理人 MOM 基金的历史管理经验和业绩表现、投资研究实力（如大类资产配置能力、行业、风格资产配置能力，对市场上基金经理的研究筛选能力等）、风险控制能力，以及投资顾问的投研实力、投资风格与能力圈、历史业绩表现。此外，MOM基金的基本要素，如费率和基金公司综合实力等，也是投资者需要关注的要素。

（三）FOF 与 MOM 基金的区别

FOF 和 MOM 基金都是在大类资产配置的基础之下，将资金分块投资于不同的资产类别，实现分散投资、降低风险、多元配置的目的。两者的区别在于：

1）投资对象和方式不同。投资方式是两者最主要的区别，FOF 基金通过选择优质的子基金实现资产的配置，MOM 基金则是选择优秀的投资顾问对资金进行分块管理。FOF 基金侧重选基金，MOM 基金侧重选管理人。

2）效率和透明度不同。FOF 基金是母基金将资产投向其他子 F（Fund），子 F 交易运作脱离母基金，且子 F 的资金并不完全来自一个母基金，所以子 F 的实际持仓信息公开频率相对较低。MOM 基金管理人聘请投顾出具投资建议，是一对一的服务关系，且所有的交易信息均保留在管理人层面，投资痕迹更为清晰可见，可以更好地实现风险控制，也可以更好地与资产配置观点结合及调整，配置效率更高。

3）母基金与子基金的关系不同。FOF 基金的母基金投资于子基金，两者是平等独立的关系，互不干扰。MOM 基金的管理人确定基金总体投资方向和投资目标，将资金分配给一组优秀的管理人独立管理，并根据运作情况适时更换子管理人。管理人聘请投资顾问人管理基金，有一定的管理权限。

4）管理费结构不同。投资外部基金的 FOF 基金难以避免双重收费问题，MOM 基金的管理费由子、母管理人共享，不存在双重收费的问题，费用结构更简单。

虽然 FOF 和 MOM 基金在产品形态上具备独特性，但目前国内市场上这两类基金的大类资产配置优势还没有充分显现出来。相信随着时间的推移，这两种产品经过市场的充分检验，今后能越来越好地发挥组合投资的优势。

三、REITs 基金投资技巧

2021 年 6 月 21 日，沪深交易所首批基础设施公募不动产投资信托基金（REITs）上市。截至 2023 年 6 月末，已经上市的 REITs 基金产品达 28 只，发行总规模为 975.32 亿元，总市值 871.62 亿元，累计分红 47.37 亿元，REITs 基金一度成为基金中的"网红基"。

REITs 基金是否是好的投资标的？应该如何挑选 REITs 基金？需要分三步回答这些问题。

1. 了解 REITs 基金的风险收益特征、流动性等

REITs 基金作为一类封闭式基金，由于其仅可在二级市场进行交易，不可在场外进行申赎，所以投资者在投资 REITs 基金时，既需要关注基金产品本身的特点，也需要关注底层资产的投资风险，还需要关注二级市场流动性、风险偏好变化等带来的投资风险。

（1）流动性

从基金产品特征的角度来看，REITs 基金与传统的开放式基金有较大差别，基金期限一般在 20 年以上，不可进行份额的申赎，除非基金到期清盘，否则投资者仅可通过场内账户进行交易。因此，二级市场的流动性直接影响投资者最终的投资收益，特别是在市场流动性不佳时，如投资者遇到急于变现的情况，很可能遇到二级市场折价，损害最终的投资收益。实操中，为保证二级市场的流动性，基金管理人将至少聘请一家做市商提供做市服务，以

满足投资者的交易需要。

（2）集中度

区别于股票型基金、债券型基金分散投资的投资策略，REITs 基金要求将 80% 以上的基金财产投资于基础设施项目，特别是在基金首次扩募前，基金将 80% 甚至近乎 100% 的可用资金投资于单一基础设施项目，所以产品的集中投资风险比较大。基金的投资收益将较大程度依赖单一基础设施项目运营的好坏。

（3）估值频率

不同于开放式基金每日估值，由于 REITs 基金底层持有资产为基础设施资产，一般不具备公开市场公允价值，基金管理人将至少每半年聘请资产评估机构对资产价值进行一次重新评估，所以资产价值的变化无法及时通过基金净值反映。投资者需要密切关注基金管理人发布的各类公告，以了解资产的重大变化，以便及时对资产价值进行评估及判断。

从底层资产的角度来看，REITs 基金的收益来源及其波动取决于其底层资产性质及质量。

REITs 基金是一类既有股性又有债性的资产，其强制分红及分红的稳定性决定了其债性。目前我国基础设施 REITs 基金要求将不低于 90% 的投资收益进行强制分红，而其底层资产一般为具有成熟经营模式的基础资产，所以可保证较为稳定的收益来源。以市政供水行业为例，基金的分红来源为自来水公司每年为城镇居民、企业提供供水服务而收取的水费。该行业具有较强的抗周期性，现金流持续、稳定、集中度低，也因此被称为"现金奶牛"，保证了后续分红的稳定性。

由于 REITs 基金间接持有基础设施项目公司 100% 股权或经营权利，是项目公司的唯一股东，所以使得基础设施项目未来的全部经营风险本质上由 REITs 基金及其投资者所承担，REITs 基金的二级市场表现受宏观经济、产业政策、项目公司经营情况等因素的影响，原始权益人并无义务保证投资者的收益，体现了 REITs 基金的股性。

相较于股性更强的资产，债性更强的资产一般分红率相对较高且更为稳定，但同时二级市场的价格波动幅度更小，所以更类似于固定收益类产品。而产业园、物流园等股性更强的资产，资产的升值空间相对更大，因而对应的分红率会比债性资产更低，但二级市场 REITs 基金份额的价格上涨空间更大。

那么，如何判断一只 REIT 基金是股性更强还是债性更强呢？一般而言，特许经营权类的项目，由于特许经营权到期时应将资产无偿转移给政府部门，投资者所拥有的全部收益仅来源于基金持有期间的现金流收益，无法享受资产本身增值带来的收益，因而这类资产债性更强，典型的如高速公路、污水处理厂等；产权类的项目，顾名思义，REITs 基金持有这类资产的完整所有权，除享有资产运营带来的经营收益，投资者也享有资产增值带来的收益，典型的资产如产业园、物流园等。

从市场风险的角度来看，其二级市场价格也像股票一样受货币政策、市场风险偏好等因素影响，如市场无风险利率下降，也会带动 REITs 基金价格上升；如市场风险偏好下行，也会使得部分股票市场资金向 REITs 基金市场转移，或 REITs 基金市场资金向更低风险的投资品种转移。

2. 挑选和评价 REITs 基金

投资者要想确定一只 REITs 基金是否适合自己的风险偏好，需要了解实际投向 REIT 基金的底层资产是什么，其底层资产来源决定了它是偏股型还是偏债性，通过底层资产的来源也可以判断其当前定价是否合理，以及未来增值空间如何等问题。

根据国家发展改革委发布的《国家发展改革委关于进一步做好基础设施领域不动产投资信托基金（REITs）试点工作的通知》（发改投资〔2021〕

958号），目前国内REITs基金对应的基础资产主要还是在基础设施领域，常见的包括交通基础设施，比如高速公路；能源基础设施，比如新能源发电；市政基础设施，比如供水供电供气供热等；生态环保基础设施，比如固废危废处理；仓储物流基础设施，比如物流园区；园区基础设施，比如各类产业园；数据中心、5G等新型基础设施；保障性租赁住房，5A级景区，水利设施等。未来，随着试点范围的进一步拓宽，将会有更多的资产纳入。

以高速公路为例，如果底层资产是一条高速公路，那么它的主要收入来源就是依赖于政府部门授予的在未来20~30年内特许经营高速公路而产生的通行费收入。在基金招募说明书中，基金管理人会按照证监会的要求，披露这条高速公路经具备专业资质的评估机构所出具的评估报告。这个评估价值就可以作为投资者评估资产价值的一个锚。

投资者要仔细研读这个评估报告，判断这个"锚"是否合理，以及在这个锚相对合理的情况下，当前的交易价格与之相比是偏高还是偏低，是否合理。

具体而言，针对高速公路资产的价值评估一般采用收益法，也就是将高速公路在未来特许经营期内每年的净现金流，按照一定的报酬率进行折现加总后的现值。那么根据这个模型，这里面有三个核心变量：一是每年的现金流预测，二是折现率，三是折现期间。其中，折现期间参照剩余的特许经营年限，一般不存在分歧，相对确定。现金流预测和折现率则更多依赖于评估师的经验及专业判断，具体如下：

1）现金流测算受车流量预测、大修支出预测、运营成本预测的影响，除了需要了解这条高速公路历史的车流量增长情况及收入增长情况，还需要研究其未来的现金流预测是趋于激进还是更为保守，比如是否考虑其他通行方式或道路分流对车流量的影响，是否分析当地经济发展水平及人口流入流出对车流量的影响，是否考虑每8~10年的大修支出，以及其他付现成本的基本假设逻辑是否合理等。

2）折现率的高低对资产价值的估值影响也很大。折现率的高低反映了投资者对投资于该项资产的潜在风险回报要求。一般而言，综合风险越高的资产，对应的折现率越高。比如，在其他条件相同的情况下，经济发达地区的省会城市作为道路一端的高速公路对应的折现率往往低于经济欠发达地区的两个非省会城市之间的高速公路资产对应的折现率。投资者在评估折现率是否合理时，可参照经济发展水平相类似的区域、同类资产的折现率水平，或者根据具体资产在区域、资产质量、运营管理主体等方面的差异进行横向对比并加以调整。

再看一下产业园类项目的例子。2021年6月，首批公募REITs基金上市，其中包括3只产业园类REITs基金，分别为博时招商蛇口产业园（以下简称"招商蛇口"）REITs基金、华安张江光大园（以下简称"华安张江"）REITs基金和东吴苏州工业园区（以下简称"东吴苏园"）REITs基金。招商蛇口、华安张江、东吴苏园3个项目的折现率分别为6%、6%、6.5%，从区域上来看，招商蛇口、华安张江位于深圳、上海等一线城市核心区域，具备较高的资源稀缺性和升值空间，因而折现率相对东吴苏园更低。也可以说，投资者对东吴苏园要求了更高的风险补偿。

通过研读基金招募说明书和基础资产的评估报告，投资者了解了REITs基金的底层资产是什么、资产性质是偏股还是偏债、收益来源是什么、评估价值的影响因素及定价的合理性。在此基础上，还需进一步了解这只REITs基金未来的收益增长空间在哪里、有多大。

前面提到，权益型REITs基金一般分红率低于特许经营权类REITs基金，但有更大的升值空间。除了资产性质，REITs基金未来扩募空间、基金管理人及运营管理机构的运营管理能力也会影响其价值。比如，如果原始权益人具有较多运营成熟、收益稳定的资产可供REITs基金未来进行扩募，那么REITs基金未来通过收购资产持续运营并发挥规模优势的概率就会大大增加，从而带来 REITs 基金价值的提升；又如，如果基金管理人和运营管理机构的资产运营能力较强，就可以通过收购、处置等外延式管理提升资产的周转效率和管理规模。

3. 确定交易策略

完成第一步和第二步后，投资者已经根据自己的风险收益特征选择了合适的 REITs 基金进行投资，那么应该采用什么样的交易策略呢？

正如前面所说，REITs 基金是一种既有股性又有债性的投资标的，从国外成熟市场的经验来看，REITs 基金分红率稳定，其资产收益波动率在长区间内小于股票，长区间的单位收益风险比具有相对优势。我国首批 9 只公募 REITs 基金已于 2021 年 6 月正式上市交易，从首批的交易情况来看，市场并未如新股上市一样出现爆炒，上市首日涨幅区间在 0.68% ~ 14.72%，后续市场价格波动更加有限，整体表现出了 REITs 基金产品低波动的稳健收益特征。这一方面与市场容量及投资者结构有关。首批 REITs 基金的战略配售份额比例在 50% ~ 80%，留给网下投资者及公众投资者的份额相对有限；投资者以机构投资者为主，多为长期持有型策略，使得市场不具备炒作氛围。另一方面由 REITs 基金底层资产的特性决定。特别是特许经营权类的资产，其收益来源主要依靠基金分红，当资产的基本面未发生实质性重大变化时，一般不会发生大幅的价值波动。因而，总体市场表现契合 REITs 基金产品的特征。

建议投资者理性投资 REITs 基金，以长期持有获得稳健收益为核心目标，不宜频繁交易或过度寄希望于短线交易带来的风险回报。比如当市场出现流动性折价或者市场价格相对资产实际价值存在明显低估现象时，在满足自身流动性需要的情况下可适当增加配置。随着基础设施资产范围的逐渐扩容，相关监管政策的日趋完善，以及市场参与机构的越发成熟，将会有更多优质的 REITs 基金展现在投资者面前，也会有更多机构投资者将 REITs 基金作为重要的配置工具。而随着我国居民财富管理需求和意识的提升，REITs 基金作为一款风险收益适中的投资标的，未来也将成为家庭资产配置的重要组成部分。

四、养老型基金的投资技巧

（一）我国的养老现状

随着老百姓的养老意识进一步加强，近几年开始出现买房防老、存钱养老、互助养老的观念。从大背景来看，随着人口平均寿命的延长和出生率的逐年下降，我国已经进入深度老龄化社会，年轻人的赡养压力越来越重。30年前，我国平均 10 名年轻人赡养一名老人，现在变成了 5 名年轻人赡养 1 名老人，老年抚养比越来越高。另外，我国目前的养老替代率（退休金占退休前收入的比例）约为 40%，远低于国际劳工组织公布的 55% 的最低标准，也就意味着大部分人的养老金不能满足未来稳定、优质的退休生活的需要。所以，为了保证退休生活多姿多彩，不至于降低生活标准，建议有条件的人尽早开始制订养老规划。

过去我国养老保障体系主要有两大支柱：城镇职工基本养老保险和城乡居民养老保险，企业年金。截至 2021 年底，第一支柱中城镇职工基本养老保险和城乡居民养老保险合计累计结余 6.4 万亿元，占比约 57.9%。政府主导的第一支柱养老金占比过高，保障缺口的风险已经显现，且随着老龄化、少子化的人口发展趋势，政府兜底难度将越来越大，保障水平也会持续降低。第二支柱企业年金累计结余规模约 4.5 万亿元，占比约 40.7%。第二支柱作为第一支柱的重要补充，目前参与企业有限，渗透率较低。除了以上两大主要支柱，第三支柱个人养老金目前尚处于探索建立期，且每年有 12,000 元的投资限额。因此，为了保证自己在退休时拥有稳定的财务支持，过上舒适的退休生活，很多人开始把目光瞄向养老型基金。

（二）选择何种养老产品

1. 养老型基金

养老型基金的主要功能是帮助个人和家庭积累退休储蓄并为退休生活提供财务支持。与其他类型基金相比，养老型基金具有长期性、分散性等特点。虽然养老型基金产品繁多，但实际上只有两大类：养老目标风险基金、养老目标日期基金。

（1）养老目标风险基金

这种类型的养老基金在成立之初即设定一个风险水平，并在基金的整个生命周期中将资产配置维持在固定比例，以实现预先约定的风险水平。也就是说基金合同中会约定权益仓位中枢（一段时间内，仓位规模出现最频繁的区域），以及一个波动区间。比如，权益中枢是50%，则权益投资的区间范围是40%~55%。整体资产配置比例不会跟随投资者的退休时间而变化，此类基金通常包含保守型或稳健型（最低1年持有期）、平衡型（最低3年持有期）和积极型（最低5年持有期）等字样，用以表明它设定的风险水平。

（2）养老目标日期基金

这种类型的基金多以退休年份命名，比如"养老2055""养老2045"等。养老目标日期基金假定投资者随着年龄的增加，风险承受能力会降低，所以随着退休目标日期的临近，基金会逐步降低权益类资产的配置比例，增加非权益类资产的配置比例，形成一条下滑曲线。待到所设置的目标日期之后，将转型成普通开放式FOF基金。一种方式是"到点式"，维持很低的权益仓位（0~25%），随时可以申赎，目前多数养老目标日期基金是这样设置的；另一种方式是"穿点式"，到期后权益仓位持续下降一段时间。

2. 个人养老基金的选择

与选择普通基金一样，选择个人养老基金也有一些共性的指标，包括：

1）基金公司。要选择经营稳定、长期业绩表现较好的管理公司，可以从公司的成立年限、业务布局、产品线规划、投研实力和管理规模等多重因素进行综合判断。

2）投资团队。要重点剖析投资团队的过往管理经验，尤其是在养老投资和大类资产配置两方面的投研经验。同时，应关注投研团队的稳定性、核心人员的能力特长和团队成员之间的优势互补等因素。

3）具体产品。要关注产品过往的长期业绩表现，包括绝对收益及与同类产品的对比情况，综合判断产品的收益弹性和回撤控制水平。

除了共性的指标，投资者还要关注个人养老基金的个性化指标。一般而言，可以通过以下三个指标选择个人养老基金：

1）产品特征。养老目标风险基金设定了恒定的风险水平，养老目标日期基金则随着目标退休日期的临近逐渐降低风险水平。

2）自己的风险收益特征。明确知道自身风险偏好和风险承受能力，且具有一定理财经验和规划的投资者，如果风险偏好低，就选择稳健类养老目标风险基金；如果能接受本金亏损，追求高收益、高风险的投资者，就选择平衡、积极类养老目标风险基金，其权益仓位高，更适合长期看好权益市场的投资者。如果预期当前风险偏好比较高，但以后会逐渐下降，可以选择相应退休日期的养老目标日期基金。如果不了解自己的风险偏好，在购买有风险的理财产品前会要求做风险测评，可以通过评分来了解。

3）构建投资组合并动态调整。根据生命周期理论，随着年龄的增加、收入的变动、观念的变化等，每个人的风险收益特征都会有所调整。一般来说，年轻时风险承受能力强、对未来现金流的预期更乐观，建议以权益仓位较高的平衡或积极类养老目标风险基金为主；随着年龄的增加，风险承受能力降低，且对各类养老服务的需求增加，建议逐渐增加稳健类养老目标风险基金的占比。对于知道自己的退休时间、有养老资产配置需要却无暇进行资产配置的投资者，也可以选择养老目标日期基金，只需进行一次申购操作，投资组合动态调整、基金选择等工作则全权委托给基金经理。

后续养老投资工具会越来越多，投资者可以结合自己的年龄、风险承受能力、金融投资知识储备等综合判断配置养老产品，做好长期养老理财规划。

（三）个人养老金

个人养老金是第三支柱的重要组成部分，在基本养老保险和年金的基础上再增加一份积累，唤醒大家"自己养老"的意识，把年轻时赚到的钱转移一部分到老年用，只有平滑一生的现金流，才能更好地补充养老需求。

个人养老业务目前已经在全国 36 个城市试点推行。凡是在我国境内参加基本养老保险的劳动者，都可以开立个人养老金账户，已经退休的不能参加，未参加社保的包括 16 岁以下未成年人不能参加。

1. 个人养老金账户的开立

个人养老金账户有两个账户互相绑定，一个是个人养老金账户，通过全国统一线上服务入口或者商业银行渠道在信息平台开立，与基本养老保险关联；另一个是个人养老金资金账户，在符合规定的商业银行开立。为了减少麻烦，可以在银行一次性开立两个账户，在很多符合条件的银行线上 App 都可以开，不用专门去银行柜台办理。另外，基金代销机构（如基金公司、买基金的线上平台等）都可以跳转到合作银行开立。个人养老金资金账户可以简单理解为一个银行账户，参照银行 II 类户进行管理，但不受 II 类户额度等限制。没有银行卡也可以直接在该银行开个人养老金资金账户，不需要另行开立借记卡或信用卡。对此不清楚的投资者可以携带自己的身份证到任何一家国有银行或者股份制大银行询问工作人员，他们能协助开立个人养老金账户。

目前个人养老金账户的缴费上限为每年 12,000 元，后续可能会根据实际情况提高上限。通过银行结算账户、非银行支付机构、现金等方式缴费，缴费比较灵活，按月、分次或者按年度缴纳均可，缴费额度按自然年度累计，第二年重新计算。也就是说，即便是今年缴费 6,000 元，剩下的 6,000 元额度也不能累积到明年使用，明年的上限还是 12,000 元而非 18,000 元。

另外需要注意的是，基本养老保险、企业年金、职业年金都是缴完费后就不用管了，只等退休后领钱。个人养老金账户的这笔钱缴完后还需要自己主动做养老投资，如果只缴费而不做投资，只有银行存款利息，没有投资收益，那就太亏了。

可以在个人养老金账户购买的产品主要有三类：一是储蓄类，主要是养老专项存款储蓄等；二是保障类，主要是商业养老保险产品；三是投资类，包括理财产品和基金。个人开户后可以在银行端直接购买这家银行代销的个人养老产品，一般都有养老专区，在专区内选择即可。一般来说，目前大型银行上线的个人养老产品种类会更丰富。投资者可以去代销机构端绑定账户进行购买，也可以去基金公司公众号等平台先绑定账户再购买，但是支持的银行有限。

2. 个人养老金的领取

缴纳的个人养老金什么时候可以领取？大致分为以下 4 种情形：①达到领取基本养老金年龄，如有延迟退休则按延迟后的执行；②完全丧失劳动能力，如各种恶性肿瘤（含血液肿瘤）经综合治疗、放疗、化疗无效或术后复发；③出国（境）定居；④国家规定的其他情形。简单来说，个人养老金账户的钱在到达退休年龄后才能领取，当然也有其他一些特殊情形可以领取，比如完全丧失劳动能力、出国等。

领取一般分两种形式。一是按月领取。①按照基本养老保险确定的计发月数；②自己选定；③按照自己确定的固定额度逐月领取，领完为止。二是分次领取，选定领取期限，明确领取次数或方式，领完为止。商业银行受理后，核验领取资格，按照选定的领取方式，完成个人所得税代扣后，将资金划转至参加人本人社会保障卡银行账户。完成转移或者领取后，商业银行注销资金账户，参加人身故的，其个人养老金资金账户内的资产可以继承。

3. 个人养老金的优势

个人养老金的优势可以归纳为以下三点。

（1）个人养老金账户可以免税

个人养老金账户的限额是 12,000 元/年，所以税收优惠的金额也是上限 12,000 元/年，缴费和投资环节不收个人所得税；领取环节单独按照 3% 的税率计算缴纳个人所得税。

具体免税金额可以参见表 6-1。假设当前收入是 10,000 元/月，个人养老金缴纳 12,000 元，每月免税额是 1,000 元，这 1,000 元对应的税率为 10%，则每月可节省 100 元，1 年就是 1,200 元；如果考虑到退休后领取时要缴 3% 的税，那实际每月节省 70 元，1 年就是 840 元。收入对应的税率越高，节税金额也就越大，最高每年节税 5,040 元。如果投资者当前需要缴纳的个人所得税率大于 3%，也就是月收入 8,000 元以上，可以享受税收优惠。

表 6-1　个人养老金减免个税额度情况表（以年缴 12,000 元为例）

级数	每月工资区间（元）	年度应纳所得税额（元）	税率（%）	当前每年节税金额（元）	考虑领取时扣税后节税金额（元）
1	0 ~ 5,000	0	0	0	- 360
2	5,000 ~ 8,000	0 ~ 36,000	3	360	0
3	8,000 ~ 17,000	36,000 ~ 144,000	10	1,200	840
4	17,000 ~ 30 000	144,000 ~ 300,000	20	2,400	2,040
5	30,000 ~ 40,000	300,000 ~ 420,000	25	3,000	2,640
6	40,000 ~ 60,000	420 000 ~ 660,000	30	3,600	3,240
7	60,000 ~ 85,000	660,000 ~ 960,000	35	4,200	3,840
8	85,000 以上	960,000 以上	45	5,400	5,040

（2）个人养老金账户抵扣个人所得税

个人养老金账户抵扣个人所得税，税前扣除步骤如下：

1）获取缴费凭证。可通过国家社会保险公共服务平台、开户银行 App 等多种渠道搜索"个人养老金缴费凭证"，输入相关信息后获取年度缴费凭证。

2）信息录入。使用个人所得税 App 对缴费凭证上的二维码进行扫码识别。

3）选择扣除申报方式。本次选"年度自行申报"在汇算时进行退税，后续如果想年度一次性退税，可以选择该方式；如果希望公司在发放工资时已经扣除该部分，可选择"通过扣缴义务人申报"，选择公司名称即可。

（3）个人养老金账户的投资标的经过精挑细选

能入选个人养老金账户的投资标的都是经过层层筛选的，要满足运作时长、规模要求和业绩要求等条件，特别是投资类的理财产品和公募基金有着较为严格的"准入条件"，入选养老金账户的产品相当于已经被精挑细选过一遍了，投资者在其中进行选择更为省心。

4. 到底要不要开个人养老金账户

个人养老金的流动性较差，只有达到领取基本养老金年龄后才可以领取。因此，到底要不要开立个人养老金账户，可以从以下三方面考虑。

（1）有无补充养老的需求

前文提到现在的养老替代率比较低，意味着现在很多人的养老金不能提供稳定优质的养老生活，未来养老面临的形势可能会越发严峻。个人养老金制度的提出，是为了唤醒大家"自己养老"的意识，把年轻时候赚的钱转移一部分到年老的时候用，平滑一生的现金流。

（2）有无节税的需求

个人养老金的税收优惠政策，指在缴纳和投资环节不收税，在领取环节按照最低档的税率，也就是按 3% 税率缴纳个人所得税。收入对应的税率越高，节税金额也就越大，最高每年节税 5,040 元。如果投资者当前需要缴纳的个人所得税率大于3%，也就是月收入8,000元以上，可以享受税收优惠，是值得开个人养老金账户的。

（3）是否能接受个人养老金账户的限制

个人养老金账户资金是专款专用，只有达到领取基本养老金年龄、完全丧失劳动能力、出国（境）定居等情形下才能领取。这就会牺牲这笔资金的流动性，所以在缴费时需考虑清楚每年1.2万元对当前生活的影响大不大。

综合来看，如果有补充养老的需求、有计划长期不用的资金，且有节税的需求，那么开立个人养老金账户是不错的选择。

（四）其他养老投资产品

目前常见的养老投资产品主要包括三大类：储蓄类（养老储蓄存款），保障类（专属商业养老保险），投资类（养老理财与养老基金）。这些产品都可以通过银行、代销机构等各类途径购买。

1. 储蓄类，主要指养老专属存款

近期19家银行已在个人养老金账户专区上线了约455只养老储蓄产品，期限涵盖3个月至5年，产品利率在1.75%～3.4%，起存门槛50～10,000元，基本为整存整取。某行普通定期存款3年期1,000元起存产品的年利率为2.9%，而养老专属存款产品年利率则为3.25%，也就是说养老专属存款产品相比于普通存款产品利率略高。同时，养老储蓄产品在安全性角度相比于其他投资工具更高，作为投资安全垫，是一个不错的选择。

2. 养老保险产品更专注于保障

保险公司在长期资金投资的运用上很有经验。截至2003年9月20日，个人养老金保险产品名单已扩容至11家公司、19款产品。需注意，购买个人养老保险不像其他养老产品，第一次投保需要双录，需要联系保险代理人或者去银行网点，手续稍复杂一些。怎么选，主要看以下三点。

（1）投保与领取条件

年龄 0～70 岁，甚至 0～95 岁；要留意是否要求身体健康；起投门槛较低，一般从 100 元到几千元，缴费灵活，一次、多次均可；费用方面，目前多通过减免手续费鼓励投保。领取不早于 60 周岁，领取方式灵活，终身领取或固定期限领取，按月、按年均可。

（2）保障范围

保障责任均含养老年金和身故保险金，发挥"保生"和"保死"的两全功能。多款产品都扩展了责任范围，如失能护理保险金、全残保险金、满期金等。

（3）产品收益

收益稳健，在积累期阶段都采取"保证＋浮动"的收益模式。一个主账户下设"稳健型"和"进取型"两种投资组合，"稳健型"保障稳健收益的下限，"进取型"提供更高收益的可能性。保证利率是写在保险合同里的最低收益水平，稳健型 2%～3%，进取型 0～1%；结算利率则反映保险公司的实际投资状况，2022 年稳健型 4%～5%，进取型 5%～5.7%，与 2021 年相比略有下降。

3. 养老理财

产品类型以固收类为主，业绩比较基准 3%～5.75%；混合类较少，业绩比较基准 4.05%～6.25%；以 R2、R3 为主，多数产品 80% 比例投资低风险的利率债、高等级信用债；不高于 20% 投资权益类资产，满足目前养老投资者整体较低的风险偏好。多为最短持有期形式，期限基本为 1～5 年；一般 1 元起购，手续费有优惠。总体来看，理财产品风险收益特征差异不大，以固收或固收增强为主，投资者需要留意持有期的差异。

养老投资计划越早开始越好，不管你现在是 20 岁、30 岁还是 50 岁。每个投资者都要重视养老投资规划，即便不通过个人养老金账户做投资，也要有意识地拿出一部分专项资金用于保证退休后的生活质量。投资者要结合自己的年龄、风险承受能力、金融投资知识储备等，综合判断配置各类养老产品，做好长期养老理财规划。

本章小贴士

1. 指数型基金具有投资分散性特征，是众多基金投资熟手的配置之选。

2. 与其他基金相比，MOM 基金的优势有：配置更多元、投资更专业、风控更有效、费用结构更简单。

3. 投资者理性投资 REITs 基金，应以长期持有获得稳健收益为核心目标，不宜频繁交易或过度寄希望于短线交易带来的风险回报。

4. 是否需要开设个人养老金账户取决于三点：有无补充养老的需求，有无节税的需求，是否能接受个人养老金账户的限制。

5. 养老投资计划越早开始越好，应早日唤醒"自己养老"的意识，把年轻时赚到的钱转移一部分到老年用，只有平滑一生的现金流，才能更好地补充养老需求。

导读：选择定投——爱是坚持的动力

邹女士是一名教师，工作繁忙。10 多年前，她开始接触基金，当时的想法是想给孩子攒点钱。投资顾问向她推荐了基金，并提醒她最好是给孩子做定投。除了日常开支，邹女士每月拿出 1,000 元做基金定投。2015 年市场行情急速下跌，邹女士积累的收益都亏没了，但她决定继续坚持。后来随着市场行情向好，她的基金也有了一定的涨幅，在避免"踏空"的同时，离孩子的创业金目标也更近了。

回忆起这段经历，邹女士说："我现在十分感谢定投，也感谢自己的坚持。我想我的这份坚持，来自对我投资的第一只基金的感情，来自对市场发展的信心，最根本的来自我想继续为孩子积累财富的愿望。"

我们常说投资是认知的变现，即便投资者能在牛市中选到个别"1 年 2倍""2 年 3 倍"的牛基，认知达不到相应的水平，再好的资产也拿不住，最后往往导致基金赚钱、基民不赚钱。更何况 A 股长牛或长熊都是偶然，震荡才是常态，对于基民而言，在震荡市中面对大幅波动该如何操作是一个很难回答的问题。市场诡谲多变，想要做到完美的"高抛低吸"几乎不可能，而正是在这种背景下，越来越多的投资者开始关注定投。定投不是战胜市场的万能药，却是一个提高胜率的好方法。

一、开始定投吧

相信很多投资者对定投有所耳闻。所谓定投，就是定期定额投资，也就是以固定时间（每天、每月、每周）申购固定金额的基金。定期定额投资可以熨平买入成本，降低投资风险，有效提高胜率。同时，定期买一点，还能聚少成多，起到个人财富规划的作用。

定投策略有非常悠久的历史，也经过了长期市场的检验，深受基民喜爱。定投最早由本杰明·格雷厄姆于 1949 年在《聪明的投资者》一书中提出，它在美国又被称为"美元成本平均法"，是纽约证券交易所推广"月度购买计划"方面做出的努力。1983 年，中国台湾有了第一只开放式基金，1992 年开始大力发展基金定投。目前基金定投这种长期投资方式在台湾省的普及率接近 50%，居投资方式之首。2000 年 12 月 1 日，中国香港正式实行"强积金"（强制性公积金）。深受香港市民欢迎的"基金定投 101 计划"，是一种以保险为包装的基金投资组成的保单，其本质是一个纯粹的投资账户。这种保单着重于投资部分，年期一般有 5 年到 30 年不等。1998 年，中国内地公募基金正式起航，2005 年出现基金定投。2008 年，市场从高位跌下之后，基金定投开始进入快速发展阶段。

基金定投的原理可以归结为一条定投微笑曲线，如图 7-1 所示。

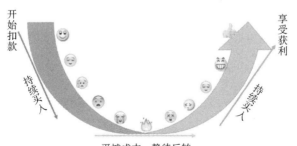

图 7-1　定投微笑曲线

1）在标的波动阶段，定投可以通过分批买入的方式有效摊平成本。因此，首次买入之后，即便所选标的价格下跌，继续定投也可以有效降低总体买入的平均价格，不会出现"高位站岗"的情况。

2）定投过程中每次买入同等金额，在基金净值更低的时候，同等资金买到的份额更多，低位吸收更多的筹码，进一步拉低平均买入成本，在反弹过程中创造更高的回报。

二、基金定投的真实效果

定投微笑曲线只是对定投提高投资者胜率的一种理论解释，因此，有必要从实战的角度检验定投收益的效果究竟如何。

（一）不同市场条件下的定投效果

先来看看不同市场条件下定投的胜率和收益水平。选择历史上沪指位于3,000点附近的不同时间点，用以模拟不同的市场状况，分别测算定投收益的表现。测算的标的指数为中证偏股型基金指数（930950.CSI）[⊖]，用以反映市场上主要的股票型基金和偏股混合型基金的表现。定投测算结果见表7-1。

表7-1　中证偏股型基金指数（930950.CSI）定投测算结果

行情状态	时间	1 年期		3 年期		5 年期	
		定投收益率（%）	一次性投资收益率（%）	定投收益率（%）	一次性投资收益率（%）	定投收益率（%）	一次性投资收益率（%）
向下突破3,000点	2008-04-30	6.25	-26.27	18.07	-0.74	1.82	-15.16
向上突破3,000点	2009-07-01	-9.55	-10.13	-12.91	-16.10	-3.13	-9.85

⊖ 根据中证指数公司介绍，中证偏股型基金选取内地上市的所有股票型基金及混合型基金中以股票为主要投资对象的基金作为样本，采用净值规模加权，以反映所有偏股型开放式证券投资基金的整体走势，为市场和投资者提供更丰富的基金业绩基准和基金投资参考依据。

行情状态	时间	1 年期		3 年期		5 年期	
		定投收益率（%）	一次性投资收益率（%）	定投收益率（%）	一次性投资收益率（%）	定投收益率（%）	一次性投资收益率（%）
向上突破 3,000 点	2014-12-01	7.47	42.75	6.55	37.06	10.86	42.01
向下突破 3,000 点	2015-09-15	2.72	9.51	-11.46	-3.51	50.28	44.66
3,000 点上下震荡	2016-12-05	7.06	7.53	10.45	10.11	61.38	88.27
3,000 点上下震荡	2018-06-15	5.65	-0.42	57.57	89.45	—	—
3,000 点上下震荡	2020-06-29	13.10	38.46	—	—	—	—

注：数据来源于 Wind。以上各日期开始定投，定投标的为偏股型基金指数（930950.CSI），定投周期分别为 1 年、3 年、5 年；一次性投资收益率 = 区间指数涨跌幅，定投收益公式如下：$R = [(m/x_1 + m/x_2 + \cdots + m/x_n) \times X_t - b]/b = [(m/x_1 + m/x_2 + \cdots + m/x_n) \times X_t]/b - 1$。式中，$R$ 为累计收益率；m 为当月定投金额；x 为买入日净值；n 为定投次数；X_t 为赎回日净值；b 为成本。

根据以上数据回测可以得出以下结论：

1）无论行情特点如何，定投获得正收益的概率都相对较高。除了 2009 年 7 月买在阶段性高点，其余均在 5 年以上时间维度实现了正收益。即使短期内没能回正，但相比于一次投资亏损幅度较小。

2）定投需要较长的周期来积累筹码，通常 3~5 年才能走完一个定投微笑曲线，从而实现不错的回报。比如 2015 年 9 月开始的定投，定投 3 年仍亏损 11.46%，但只需要再坚持 2 年，就能获得超 50% 的回报。

3）定投并不一定能跑赢一次性投资，特别是在市场单边向上时，定投几乎跑不赢一次性投资，但仍能获得不错的回报。

4）无论是定投还是一次性投资，整体回报都优于 2016 年以前同点位进场的回报，主要原因是 2016 年以后沪指的底部不断抬高，越来越接近 3,000 点。不过从长期来看，定投并不是一定要买在行情的底部。

综上所述，虽然定投提高胜率的能力较强，但在单边上涨行情中收益往往不如一次性买入。

（二）智慧定投更有优势吗

按照定投微笑曲线的原理：在定投微笑曲线的左侧多攒便宜份额，在定投微笑曲线的右侧获取收益。从这一思路出发，可以在市场低迷时增加定投金额，买入更多份额，而在市场处于偏高位置时减少定投金额，防止成本被抬升。这样做，效果会不会比定额定投更有效？

据此，各家基金销售平台推出了智慧定投。智慧定投的方式主要有均线偏离法、平均成本法、价值平均/价值增长法、估值定投法、目标止盈定投等。下面做一个基于均线偏离法的智慧定投简化测算，结合市场行情灵活调整定投金额，看一看效果会不会不一样。

选取一个具有代表性的指数——中证 500 指数作为参考指数。选取这只指数过去 5 年区间的滚动年均线（反映某只指数在市场上往前 250 个交易日的平均收盘价格，其意义在于它反映了这只指数 250 个交易日的平均成本）作为对照基准。如果中证 500 指数当期点位超越年均线，就认为指数被高估了，从而减少对某一标的的买入金额；如果中证 500 指数当期点位低于年均线，就增加买入金额。

在确认定投金额上，规定一个智慧定投额度系数 λ，买入金额 $= 1,000 \times \lambda$，根据指数点位偏离年均线的幅度 Y 赋予不同的 λ 值。具体的对照关系见表7-2。

表7-2　指数点位偏离年均线的幅度 Y 与智慧定投额度系数 λ 的对照关系

指数点位偏离年均线幅度 Y	λ
$Y \geq 22.04\%$	0.5
$11.31\% \leq Y < 22.04\%$	0.7
$0.59\% \leq Y < 11.31\%$	0.9
$-10.14\% \leq Y < 0.59\%$	1.1
$-20.87\% \leq Y < -10.14\%$	1.3
$Y < -20.87\%$	1.5

注：时间区间为2017-09-01—2022-08-19，每周五定投，样本总数为255。

准备就绪，下面开始定投。还是选取中证偏股型基金指数（930950. CSI）作为定投标的，定投区间为 2017 年 9 月 1 日—2022 年 8 月 19 日，在不考虑申购费用的前提下，每周五定投，定投首日为扣款日，每期买入 1,000 元，得到累计收益结果如图 7-2 所示。

图 7-2　中证偏股型基金指数（930950. CSI）近 5 年智慧定投收益率模拟图

数据来源：Wind，时间区间为 2017-09-01—2022-08-31。

从数据回测结果不难看出，定投刚开始时，两者差别不大，但随着定投时间拉长，设定的智慧定投方式的收益率明显高出传统定投收益率。另外，仔细观察图 7-2 可以看出，智慧定投在微笑区间的表现要明显好于单边上涨或者单边下跌，放大了定投的优势。

实际上，基金代销平台设计的智慧定投方式比简易模拟方式更科学，也更复杂。比如，针对中证 500 指数偏离幅度的不同，智慧定投分出了更多的等级，给出了相应的 λ 值，定投金额控制更精准。有的平台还可以设置最大倍数，放大收益率的波动。

另外，有的代销平台对定投标的极端行情施加了一层保险。简单来说，系统通过分析定投日前后连续几个交易日的波动幅度，判断行情是否处于特殊期。如果定投期间正好位于波动较为极端的点位，系统就会相应降低 λ 值，减少定投额度，保障投资安全。

可见，智慧定投是一种定投优化的思路，这种思路增加了更多择时和止盈上的考虑，目的在于增强定投的投资体验。至于具体如何设定指标，没有一成不变的标准，需要结合行情特征和投资者对市场的理解进行判断。

三、什么基金产品适合定投

当投资者决定开始定投的时候，选择一只好的产品是首先要考虑的问题。是不是所有基金都适合定投呢？

我们回到定投更容易赚钱的秘诀——买更便宜的份额，然后等待上涨。第一个要素，买更便宜的份额。这只基金必须要有一定的弹性、有合理的回撤区间，这样才有机会买到更便宜的份额。第二个要素，上涨，也就是这只基金的长期业绩要好。国内有一种比较常用的权威的基金评选方法——"四四三三"法则可供参考，可以帮助投资者筛选出长、短期业绩表现相对优秀的基金。"四四三三"法则具体如下：

四：1 年期基金绩效排名在同类型基金前 1/4。

四：今年以来、2 年、3 年、5 年基金绩效在同类型基金前 1/4。

三：6 个月基金绩效排名在同类型基金前 1/3。

三：3 个月基金绩效排名在同类型基金前 1/3。

有一定弹性、业绩优秀的基金不少，对基金了解不深的投资者可以选择宽基指数进行定投，比如沪深 300 指数、上证 50 指数、中证 500 指数等。风险偏好较高的投资者可以选择偏股指数型基金进行定投，在震荡时可能有更好的表现。以中证偏股型基金指数（930950. CSI）为例，在 2018 年 1 月

24 日—2019 年 4 月 24 日的定投微笑曲线中，指数一次性买入收益率为 −4.64%，定投收益率为 9.11%，如图 7-3 所示。

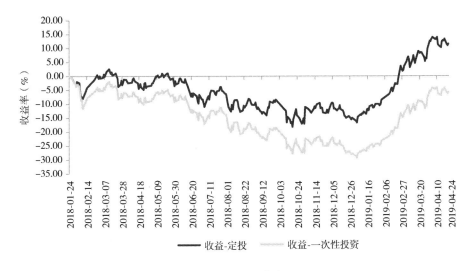

图 7-3　收益曲线

数据来源：同花顺 iFinD 基金定投计算器，时间区间为 2018-01-24—2019-04-24。定投方式为周定投，每周五定投，定投开始日为首次扣款日，定投金额为 1,000 元。

值得注意的是，虽然定投有摊薄成本、化一次下注为多次下注的优点，但因为定投的标的是高波动高收益的产品，所以其本质上仍然是一种风险较大的投资方式。

总结来说，定投只是一种投资策略，而不是百战百胜的秘籍。只有搞清楚自己的投资目的和偏好，去匹配合适的产品，才有可能在投资的道路上获得更好的体验。对于风险偏好较高的投资者来说，可以选择定投股票型基金、指数型基金、偏股混合型基金，利用更大的波动博取更高的收益。对于风险偏好较低的投资者来说，定投对博取收益弹性的意义不大。但如果投资者想通过定投帮助自己储蓄财富，也可以选择定投"固收＋"基金、纯债型基金等，时间一长就会发现自己积累了一笔数额不小的钱。

四、基金定投时机与频率

在定投微笑曲线行情中，定投往往能表现出强大的威力，但定投是否意味着"长期躺赢"？都说要长期定投，定投多久才算长期？定投有没有所谓的"最佳时长"？以不同的频率投资，差别大吗？

（一）定投多长时间合适

还是用数据说话。选取中证偏股型基金指数（930950.CSI），从 2008 年以来任意一个月开启月定投并坚持定投 1 年、3 年、5 年、8 年，分别计算收益率分布。作为对比，同步测算相同区间内任意一个月一次性买入并持有 1 年、3 年、5 年、8 年的收益情况。结果如图 7-4 所示。

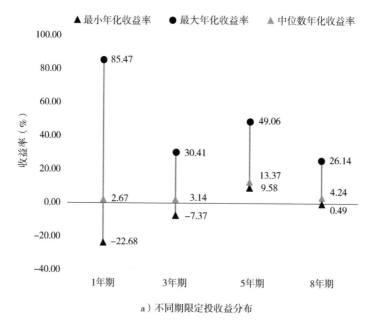

a）不同期限定投收益分布

图 7-4　中证偏股型基金指数（930950.CSI）收益分布

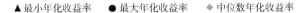
▲ 最小年化收益率 ● 最大年化收益率 ◆ 中位数年化收益率

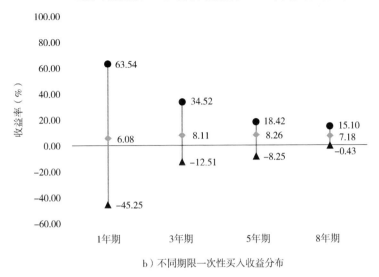

b）不同期限一次性买入收益分布

图 7-4　中证偏股型基金指数（930950. CSI）收益分布（续）

数据来源：Wind，定投指数为中证偏股型基金指数（930950. CSI），定投区间为 2008-01-02—2022-08-01。选取每月第一个交易日开启月定投，定投首日为付款日，不考虑申购费用，一次性买入数据测算为同一区间每 12 个月、36 个月、60 个月及 96 个月第一个交易日据买入点间指数的涨跌幅。仅为依据特定模型数据回测，结果供参考。

通过测算可知：

（1）对比不同期限来看，5 年期定投更有优势，年化收益率的中位数明显高于其他区间，同时收益的波动性相对较低，收益比较稳定。

（2）5 年期定投年化收益中位数大于一次性买入年化收益中位数。对比定投与一次性买入收益率的中位数可以发现，多数时间段一次性买入的收益率大概率高于定投，只有在 5 年期维度中，定投收益率大概率高于一次性买入的收益率。

综上所述，5 年期定投似乎性价比最高。

当然，指数走势的形态也有可能对结果产生影响，中证偏股型基金指数整体呈震荡上行趋势，那么选择一个走势完全不同的指数是否能得出同样的结论呢？比如日经 225 指数。日本经济自 1989 年金融泡沫破灭以来走过了所谓 "失去的 20 年"，日经 225 指数在此期间大落大起，划出一条巨大的微笑曲线，如图 7-5 所示。如果在这个区间开启定投，结果会如何呢？

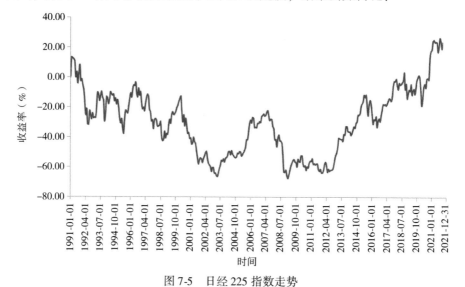

图 7-5　日经 225 指数走势

数据来源：Wind，时间区间为 1991-01-01—2021-12-31。

按照同样的测算逻辑，选取日经 225 指数从 1991 年 1 月到 2021 年 12 月进行月定投，回测定投及一次性买入的收益数据，结果如图 7-6 所示。

通过收益率中位数分布情况不难看出，短期定投（1 年和 3 年）收益中位数和一次性买入差别不大，区别仅在于收益率的稳定性：定投的收益率更为稳定，而一次性买入需要通过有效择时才能博取更大的收益弹性。另外，此前在偏股型基金指数定投中 5 年期收益率中位数最高的结论被打破，定投时间越长，年化收益率的中位数反而在递减。然而在 5 年期和 8 年期的区间里，虽然定投收益率并不是很高，但仍跑赢了一次性投资（此时一次性买入收益率中位数为负），说明即使在极端行情下，定投在对抗下行方面仍有一定的优势。

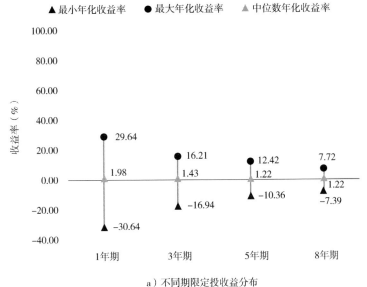

a）不同期限定投收益分布

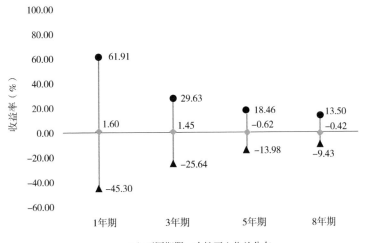

b）不同期限一次性买入收益分布

图 7-6　日经 225 指数走势收益分布

数据来源：Wind，定投指数为日经 225 指数（N225.GI），定投区间为 1991-01-01—2021-12-31。选取每月第一个交易日开启月定投，定投首日为付款日，不考虑申购费用，一次性买入数据测算为同一区间每 12 个月、36 个月、60 个月及 96 个月第一个交易日据买入点间指数的涨跌幅。仅为依据特定模型数据回测，结果供参考。

有人会问，那定投就是"长期躺赢"？当然不是。定投期限越长，成本钝化效应越明显，因此，"长期"也要有度。什么是"度"？回测结果显示5年期定投收益最优，性价比确实很高，但5年期定投就是最优解吗？也不一定。定投年化收益率除了取决于定投时长，还取决于市场形态。除了在相对合理的时间段严守定投纪律，选择一个长期向上的优质标的也是获取高收益率的重要因素。

（二）不同的定投频率对收益影响大吗

定投是定期定额投资，那么定投频率对定投收益影响大吗？每周定投、每月定投和每两周定投是否会对收益率产生影响？同样用中证偏股型基金指数（930950. CSI）进行模拟，在时间上选取3段分别处于单边上涨、单边下跌和"定投微笑曲线"中比较有代表性的行情进行定投回测，结果见表7-3。

表7-3　不同定投频率的收益率比较

时间区间	行情形态	每周定投收益率（%）	每两周定投收益率（%）	每月定投收益率（%）	一次性买入收益率（%）
2020-03-27—2021-02-10	单边上涨	39.40	41.48	42.77	88.61
2018-01-31—2019-01-31	单边下跌	－10.03	－9.94	－11.16	－22.72
2021-12-10—2022-07-01	"定投微笑曲线"	6.77	3.82	2.10	－21.86

注：数据来源于 Wind。每周定投、每两周定投，定投日为周一，每月定投，定投日为每月1号，定投首日为扣款日，不考虑费用。

测算数据表明，定投频率与定投收益率之间没有明显的相关性，在不同行情特征中表现并不一致，但总体而言，不同定投频率之间的收益率差别并不显著。

（三）"神奇星期四"

从长周期来看，定投买入确实不需要择时，但不同的进场时点到底对定投回报有没有影响？对周定投的投资者来说，周几入场效果更佳呢？

同样选择中证偏股型基金指数 930950. CSI 作为标的指数，分别以 2022 年 7 月 29 为截止日倒推开启 3 年期、5 年期、8 年期和 10 年期的定投收益率测算，结果见表 7-4。

表 7-4　中证偏股型基金指数 930950. CSI 定投收益率测算

周定投时点	定投收益率（%）			
	3 年期	5 年期	8 年期	10 年期
周一	6.77	28.14	29.90	38.90
周二	6.46	28.37	30.30	39.57
周三	6.67	28.55	30.64	39.71
周四	7.07	28.89	30.70	39.78
周五	6.88	28.83	30.02	39.01

注：3 年期、5 年期定投收益率数据来源于同花顺定投计算器，时间区间分别为 2019-08-01—2022-07-29、2017-08-01—2022-07-29；8 年期、10 年期定投收益率数据为测算所得，指数收盘价来源于 Wind，时间区间为 2014-08-01—2022-07-29、2012-08-01—2022-07-29。以上仅为偏股型基金指数测算数据，供参考。

综合以上分析可以得到以下结论：无论是几年期的周定投计划，不同的进场日期对于定投的总回报影响较小。以 3 年期为例，最高回报与最低回报仅相差 0.61%，而无论是几年期的周定投计划，周四进场开启定投的回报都更高。另外，这一测算也支持 5 年期定投的年化回报更高的结论。

为什么是周四？我们都知道定投的本质是低位分批布局，用较低的成本获得更多的份额，等市场反弹逐渐走高后，便能从中获得收益。那么周四这天下跌的概率更高吗？对此，我们进行了另一项数据回测，见表 7-5。通过偏股混合型基金指数近 10 年的涨跌日分析，可以看到指数在周四下跌的概率果然明显高于其他交易日，也就是说如果我们在周四这天定投，确实是有较大可能碰上指数正在下跌的情形，收集更多的便宜筹码。

表 7-5　近 10 年一周五天定投上涨下跌天数统计

天数统计	周一	周二	周三	周四	周五
总交易天数（天）	497	512	518	515	512
上涨天数（天）	280	301	265	246	265
下跌天数（天）	217	211	253	269	247
上涨概率（%）	56.34	58.79	51.16	47.77	51.76
下跌概率（%）	43.66	41.21	48.84	52.23	48.24

注：选取指数为偏股混合型基金指数（930950. CSI），指数涨跌幅来源于 Wind，时间区间为 2012-08-01—2022-07-29。

定投是一场马拉松，长周期来看不太需要择时，毕竟无论是周一还是周四，定投总回报的概率相差都不太大。因此，如果投资者想开始定投，当下就是好选择。当然如果投资者想在定投一开始的时候就让自己领先一点点，那么选择周四的获胜概率更大。当然，以上结论都是基于历史数据回测得出，无法精准反映未来。

五、什么人适合定投

所有投资都是有风险的，而随着定投时间的拉长、频次的增多，定投的风险会比单次下注的风险低一些。但本质上定投还是一种权益类资产的投资方式，所以定投适合的投资者的风险偏好应当是中高风险类型。一些稳健型的投资者在定投风靡的热潮中开始定投，短期内可能面临较大的资产波动，会产生较大的焦虑感，不适合定投。对于风险偏好相对较高的投资者来说，定投具有简单易操作、强制储蓄等特点，特别适合以下两类人群：

1）没有时间钻研投资或者缺乏投资经验、担心自己把握不住市场机会的投资者。基金定投凭借其自动扣款、平抑市场风险等特点，能够让投资者的投资过程变得更加稳健、轻松。对于缺乏投资经验的投资者来说，基金定投更是非常适合的投资方式之一。

2）具有稳定收入来源、有明确投资目标的投资者。基金定投，需要定期投资固定金额，适合每月拥有稳定收入的投资者。此外，基金定投能够帮助资产不充裕但收入稳定的家庭实现长期投资规划，如养老费用规划、子女教育费用规划、住房首付款积累规划等。

六、基金定投止盈

股票市场上有一句老话："会买的是徒弟，会卖的是师傅。"这说明投资者在买入股票的时候可能会用各种方法和技术进行分析，比较容易决策是否买入，但在卖出时就难以抉择，不卖怕错失收益，卖了又怕跟丢行情。其实股票型和含权益资产的混合型基金也是一样的，要记住一句话："定投早期不用止盈，中后期需要止盈"。

定投早期，需要一个周期让资金在市场里"飞一会儿"，分批进入的资金需要一段时间积累；中后期资金积累到一定程度，此后新增份额摊平成本的效果逐渐减弱，而这时如果已经达到预期的收益目标可以适当止盈，或者遇到市场持续回调或者下跌，资产面临大幅缩水，也可以及时止盈落袋为安。

当前有以下 4 种定投止盈的方法供投资者参考：

1）目标止盈法。开启定投计划前便设置一个止盈目标，可以根据定投的时间确定这个止盈目标，也可以根据累计收益确定止盈目标。一般来说，目标收益率越大，达到目标所需的时间越长。例如，定好累计收益率20%的小目标，一旦达到目标就考虑开启止盈，不要恋战。

2）最大回撤止盈法。最大回撤止盈法是在目标收益率的基础上设定一个最大回撤的阈值，达到止盈目标后先不止盈，当跌破最大回撤阈值时再止盈赎回。例如，设定的止盈目标是 10%，最大回撤阈值是 3%，当收益率超过 10%时暂不赎回，而后面一旦出现回调，当回撤跌破3%时则开始赎回。

3）动态调仓止盈法。很多人纠结止盈后会错过后面的增长，而动态调仓止盈法可以将止盈点设置成跟随市场行情变化而变化仓位进行止盈，同时可以引入最大回撤止盈法避免自己错过止盈。

4）指数估值止盈法。估值止盈法就更简单了，一般应用在指数/指数增强基金。指数型基金在估值低时买入或继续持有，估值高的时候卖出。估值常用的模型是市盈率（PE）、市净率（PB）、股债利差等，参考估值指标所处历史分位判断是高位还是低位，决定是否应该赎回止盈。

七、制订一份完整的定投计划

了解了定投的特点、定投赚钱的秘诀及如何止盈后，投资者就可以着手制订自己的定投计划了，可以分为四步——分析市场、选择基金、确定金额、知足常乐。

1）分析市场。确定是定投还是单笔投资：分析市场大方向走势，确定投资方式。若市场没有出现持续上涨趋势，则可使用定投方式降低风险。既可以通过宏观经济、产业趋势、政策面、资金面、情绪面和消息面等指标分析市场，也可以通过大盘指数目前所处的历史分位辅助判断。

2）选择基金。选择净值波动较大的基金进行定投，定投的秘诀是定投微笑曲线，更好地发挥其降低风险、平摊成本的作用。

3）确定金额。利用定投计算基准法则确定定投金额，开始定投之旅。

4）知足常乐。制定科学理性的投资策略，把握赎回时机，拒绝贪婪，知足方能常乐。

八、基金定投业务的办理

了解了定投的原理、盈利的方式、定投基金的选择，接下来可以从实战入手介绍基金定投业务的办理。下面以创金合信基金 App 为例介绍如何办理基金自动定投业务。

　　如图 7-7 所示，在手机应用商店下载创金合信基金 App，点击打开应用，选择底部选项卡"我的"，点击头像注册/登录，点击"10 秒快速注册"注册账号，并绑定扣款的银行卡。

图 7-7　创金合信基金 App 注册页（App 截图，操作时间为 2023 年 6 月，下同）

如图7-8所示，点击底部"产品"选项卡，选择"定投专区"，选择"快速定投"。

图 7-8　创金合信基金 App 产品页

先创建一个定投计划，设定定投的目的和名称。该定投计划就叫"一个小目标"，如图7-9所示。

图 7-9　定投计划设置示意图

设置定投周期，选择月定投，并确定一个每月定投的日期，这里选 5 日。

在定投产品列表中，选择想要定投的产品，这里选"创金合信红利低波动指数 A005561"，点击产品名称后面的"定投"，如图 7-10 所示。

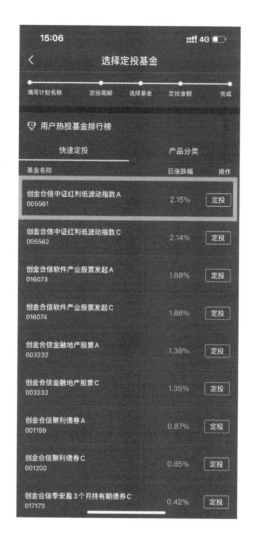

图 7-10　定投计划设置示意图

　　输入每月定投金额，比如每月 500 元，然后选择绑定支付的银行卡，勾选阅读《基金产品资料概要》《创金合信基金管理有限公司网上交易定期定额投资业务协议》选项并阅读相应文件，如图 7-11 所示。

图 7-11　定投计划设置示意图

在弹窗中确认信息，确认无误请点击确认定投，输入之前设定的交易密码。

至此，定投设置完成，现在可以在列表中查看详细的定投计划，了解下一次扣款的时间和金额，也可以修改、暂停或终止定投计划，如图 7-12 所示。

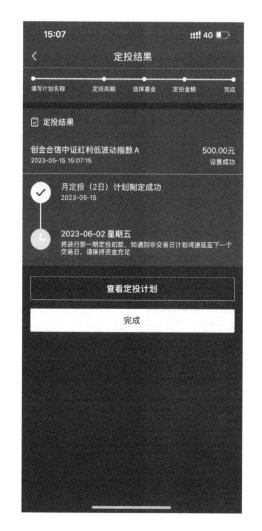

图 7-12　定投计划设置示意图

以上是一般的自动定投办理方式，部分第三方平台也提供了智慧定投的方式供投资者选择。

以某销售平台为例。在某销售平台首页搜索相应的基金产品，进入产品详情页（以创金合信软件产业股票 C 为例），如图 7-13a 所示。底部会出现定投的按钮，点击之后，设置每笔买入金额、定投方式等，与上面介绍的方式相同。不同的是，这里可以开启"智慧定投"按钮（图7-13b），开启后定投窗口下方会显示定投的模式，比如默认的方式是上篇介绍过的"均线模式"，也就是"高于均线少投、低于均线多投"，点击后面的"修改"，可以设定均线参考的指数，也可以选择"涨跌幅模式"，参照买入成本设定投资比例。当然，这些都是指标设定上的差别，原理是一样的。

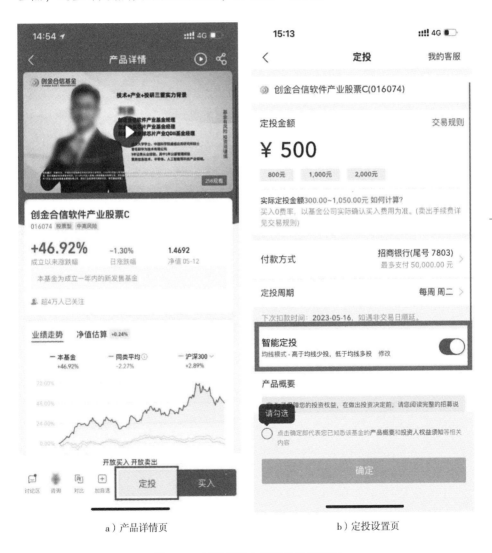

a）产品详情页　　　　　　　　　　b）定投设置页

图 7-13　某销售平台定投设置示意图

设定完成之后，记得定期检视基金业绩表现和市场行情。当然，如果短期表现较差，还是要给予定投一定的容忍度，毕竟定投只有在长线才能显示出更大的优势。

九、常见定投误区

可能会有投资者问，定投明明可以很美好，为什么有的投资者能闷声赚大钱，而有的人坚持了很多年，赚的钱还不够买一根雪糕？关于这个问题，可以参考图 7-14。

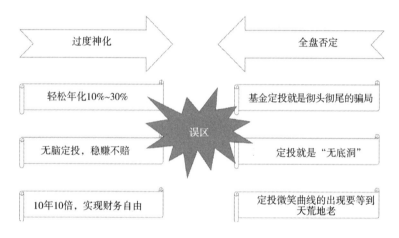

图 7-14　常见定投误区

资料来源：申万宏源研究。

可见，定投这种"懒人投资大法"并不是万无一失的，也有很多争议与误区，在坚持定投的路上，有些坑还是要小心的，常见定投误区总结如下。

（一）误区一：选错了定投的基金

定投虽好，但不是所有基金都适合定投。从定投微笑曲线原理上讲：市场低位低价买入更多份额，在市场波动中摊薄风险、平滑成本，再在市场回暖时以高价卖出获利。

货币基金、债券型基金的净值曲线几乎是平着向上的，定投无法显著降低成本，基于博取更高收益的角度，更适合一次性买入。而股票型基金、混合型基金相对波动较大，定投更容易发挥优势，指数型基金则凭借不易受管理人员变动影响及费率低廉等特点成为较适合定投的产品。

出于收益方面的考虑，定投往往更适合选择波动大、成长性好的基金。同花顺 iFinD 数据显示，截至 2022 年 8 月 10 日，近 5 年间大盘指数从3,208.54 点到 3,230.02 点几乎原地不变，在该区间内定投中证全债指数能获得 13.2% 的回报，而定投波动更大的偏股型基金指数能获得 29.87% 的回报，超额回报显著。具体见图 7-15、表 7-6。

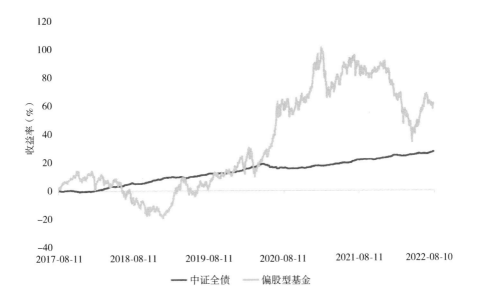

图 7-15　中证全债和偏股型基金收益曲线

数据来源：同花顺 iFinD、同花顺定投计算器，时间区间为 2017-08-11—2022-08-10，定投扣款日期为每月第一个交易日，不计算手续费，开始日为首次扣款日。本计算结果不作为基金定投收益的保证。

表 7-6　中证全债和偏股型基金回报率比较

指数名称	定投回报率（%）	定投年化回报率（%）	每月定投金额（元）	共投入金额（元）
中证全债	13.2	2.51	1,000	61,000
偏股型基金	29.87	5.37	1,000	61,000

注：数据来源于同花顺 iFinD、同花顺定投计算器，时间区间为 2017-08-11—2022-08-10，定投扣款日期为每月第一个交易日，不计算手续费，开始日为首次扣款日。本计算结果不作为基金定投收益的保证。

另外，选择定投的基金也不能"闭眼投"。有的时候不是定投策略不赚钱，而是定投的基金不赚钱。因此，要选择更能长期战胜大盘、超过同类产品的优质基金。

（二）误区二：等市场明朗时再进场

对于一次性"梭哈"投资来说，精准买在"最低时点"、卖在"最高时点"是最理想的获利方式。然而，对于定投来说，选择一个所谓的"最低时点"开始定投并不意味着整个定投周期的投资成本是最低的，因为"最低时点"意味着未来市场逐渐走高，除了第一笔资金，之后进场的资金成本是逐渐升高的，定投降低成本的作用就无法体现了。所以，种一棵树最好的时间是 10 年前，其次是现在，基金定投也是。

定投周期通常比较长，所以有很多投资者将定投作为自己退休金计划的重要投资方式。

假设一个人从 30 年前就开始规划养老，并采用定投的方式攒养老金，计划退休需要储备 100 万元养老金，如今到 60 岁要退休了（2022 年 8 月 10 日）。那么，如果从 1992 年 8 月 11 日至今定投美国标普 500 指数，能达到养老金目标吗？每个月需要投入多少钱？通过表 7-7 的实际收益率计算（期间经历过多次牛熊切换）可以看到：如果在 30 岁就开始定投，每月只需投入 760 元，累计本金 27 万多元，收益率达到 264.95%；而若在 50 岁才开始定投，每月需投入 4,775 元，累计本金 57 万多元，收益率只有 73.10%。

同样是实现 100 万元的理财目标，开启定投的时间越晚，每月需要定投的金额越多，而期间定投回报率显著下降，见表 7-7。时间和复利的效应就是如此强大。

表 7-7　不同投资期限下定投标普 500 指数的实际收益率测算

开始定投年龄	定投时间	每月需定投金额（元）	期间定投回报率（%）	共投入金额（元）	期末总资产（元）
30 岁	1992-08-11—2022-08-10	760	264.95	274,360	1,001,283.68
40 岁	2002-08-11—2022-08-10	1,565	165.29	377,165	1,000,578.10
50 岁	2012-08-11—2022-08-10	4,775	73.10	577,775	1,000,118.85

注：数据来源于同花顺 iFinD，同花顺定投计算器。时间截至 2022-08-10，本计算的投资对象为以美国标普 500 指数为标的的模拟基金，定投扣款日期为每月第一个交易日，不计算手续费，开始日为首次扣款日。本计算结果不作为基金定投收益的保证。

以现在的时点看过去的 K 线图，市场总是很明朗的，机会往往在投资者犹豫的时候溜走。

（三）误区三：亏损即停止定投

"基金亏了，要马上终止定投，不然会有更多的钱打水漂。"不少投资者会在收益下跌时由于恐惧而选择终止定投、直接赎回；或是稍微涨了一点就赶紧卖出，等到市场回暖的时候再重新定投。亏损即停止与小赚即跑都是不可取的，投资者更应该关注的是长期回报而不是短期盈亏。

以偏股型基金指数为定投标的，从泥沙俱下的 2018 年初开始定投至今，有一年多的时间都处于亏损的阶段，2018 年 10 月 18 日亏损最大为 18.90%；直到 2019 年 2 月 25 日，定投才扭亏为盈，收益率提升至 2.88%；再坚持 1 个多月，定投收益率在 4 月 1 日提升至 11.42%，一直到 2021 年 2 月 10 日收益率最高涨至 79.37%，如图 7-16 所示。

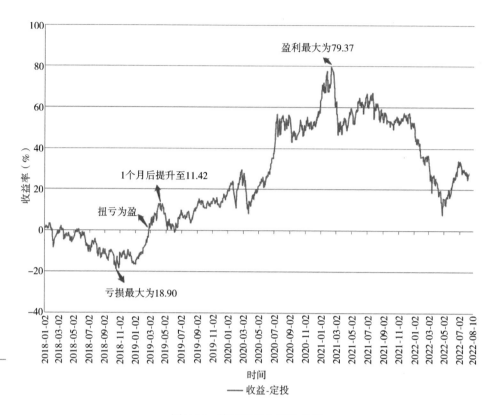

图 7-16　偏股型基金指数走势

数据来源：同花顺 iFinD、同花顺定投计算器，时间区间为 2018-01-01—2022-08-10。定投扣款日期为每月第一个交易日，不计算手续费，开始日为首次扣款日。本计算结果不作为基金定投收益的保证。

不经历风雨，怎会见彩虹？不经历前期的下跌，就不会获得积累便宜份额、摊薄成本的机会。只要定投的基金是经过了市场检验的优秀基金，就应该增强信心，坚定持有，等待上涨。

（四）误区四：定投不止盈

相对于下跌的时候选择停止定投，很多投资者也会在上涨的时候不忍离开。虽然一轮完整的定投周期通常需要数年，但并不意味着定投时间越长越好。定投如果没有及时止盈、锁定盈利，后期很有可能会回吐收益。

综上所述，本章主要介绍了定投的基金投资方法。作为经过市场长期检验、深受投资者喜爱的投资方法，定投能够通过分批买入的方式熨平买入成本，同时能够在低位吸收更多的筹码，在反弹行情中博取更大的赢面。通过数据回测检验了各种情形下定投的优劣势，数据证明定投可以有效提高投资的胜率，但在特定市场条件下未必能够跑赢一次性买入。具体选择何种投资方法，还需要投资者结合自身实际情况进行判断。另外，本章还介绍了办理自动定投的方法，以及定投中需要注意的一些实际问题。希望新手投资者能够逐渐体会定投的魅力，从而获取一个相对优质的投资体验。

本章小贴士

1. 对于缺乏投资经验的投资者来说，基金定投是非常适合的投资方式之一，是一个提高胜率的好方法。

2. 无论是几年期的周定投计划，不同的进场日期对定投的总回报影响较小。

3. 基金定投的原理可以归结为一条"定投微笑曲线"。在标的波动阶段，定投可以通过分批买入的方式有效摊平成本。定投过程中每次买入同等金额，在基金净值更低的时候，同等资金买到的份额更多，低位吸收更多的筹码，进一步拉低平均买入成本，在反弹过程中创造更高的回报。

4. 制订一份完整的定投计划分为 4 个步骤：分析市场，选择基金，确定金额，知足常乐。

5. 常见定投误区有：选错了定投的基金，等市场明朗时再进场，亏损即停止定投，定投不止盈。

第八章

构建基金组合

导读：基金组合——分散和防范风险的好方法

小肖颇有"财商"，从大学起就开始学习理财，到现在刚参加工作3年，就已经积攒下了自己的"第一桶金"。他认为，对于投资小白或者像他这样没有太多收入来源的投资者，可以选择基金投资作为理财的开始。因为股票波动太大，基金可以分散风险，并且有专业的团队帮忙打理。

提到自己的投资心得，小肖认为，买基金也需要"团队作战"精神，比如可以同时选择一只成立5年以上、权威机构评级五星的指数型基金，一只评级五星的混合型基金，一只低波动的红利基金，形成高、中、低风险的基金组合配置。他说，坚持多种基金组合配置的形式，可以让自己的投资"团队"发挥得更好，并借此获得长期较好的收益。

定投更像是从时间上分散和防范风险，而构建基金组合则是在空间上分散和防范风险。在国外，基金组合是一种成熟的长期投资方式，以401K为代表的养老第二支柱和以IRA为代表的养老第三支柱采用的都是基金组合的投资方式。在国内，基金组合还未广泛普及，组合投资的理念还没有真正建立和被接纳。一方面，国内的投资者习惯了频繁交易、追涨杀跌、单押重仓、享受波动；另一方面，在目前的行业模式下，投资者会不断在销售机构的引导下赎旧买新、追逐热点、盲目决策，无所适从。

一、基金组合的意义：优化"不可能三角"，拓展有效前沿

投资者都知道投资的"不可能三角"（图 8-1），即一种投资品不可能同时具备高流动性、高安全性和高收益性。比如，流动性和安全性好的投资品，收益性就差一些；收益性和安全性好的投资品，流动性就差一些；流动性和收益性好的产品，就不可避免地要承受安全性的考验。

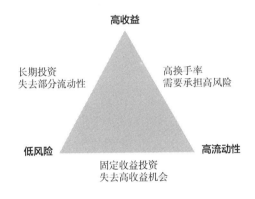

图 8-1　投资的"不可能三角"

对于投资者来说，要他们牺牲哪一项，可能都较难接受。那么，有没有办法让这三者达到相对平衡呢？答案是肯定的，那就是通过选择优秀的基金构建组合。下面做一个简单的统计展示图，将市场上的混合一级债基、混合二级债基和偏债混合基金作为样本池，观察单只产品、任选 5 只基金构成组合、任选 10 只基金构成组合和任选 20 只基金构成组合的收益分布情况，如图 8-2 所示。

从图 8-2 来看，结论是非常明显的：随着组合基金数量的增加，收益的均值变化不大，但整体分布会显著向均值靠拢，即收益大概率会落在靠近均值附近更窄的区间内。因此，在不牺牲收益性和流动性的基础上，通过组合的方式（相较投资单只基金而言），较大程度地提高了收益的确定性，降低

了投资过程中的波动性，即安全性被大大提高。这就是组合的魅力。

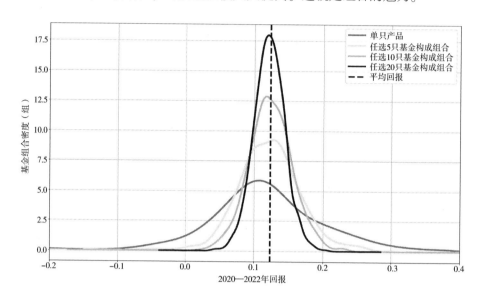

图 8-2　不同数量的基金组合的收益分布情况

"不要把所有鸡蛋放进一个篮子里"，然而在构建有效的基金组合时，投资者需要更加精确地知道如何把"鸡蛋"放到不同的"篮子"里，也就是如何有效地分散风险，包括市场风险、行业风险、风格风险和个人风险。

有效分散风险的底层逻辑来源于哈里·马科维茨（Harry Markowitz）的有效前沿理论，如图 8-3 所示。该理论从风险和收益两个维度提供了对各类资产统一的比较分析框架。它假定投资者均为风险厌恶型，即在同等收益水平下，投资者倾向于选择风险更小的资产。同理，当风险水平相同时，投资者会倾向于选择收益更高的资产。遵循这一逻辑，能同时满足这些条件的投资组合就是有效前沿。因此，有效前沿可以理解为市场能提供的一系列在不同风险级别下收益风险性价比最优的风险资产投资组合。而能够较好地实现有效前沿的前提，则是需要通过对多种风险收益特征不同的资产进行有效组合。

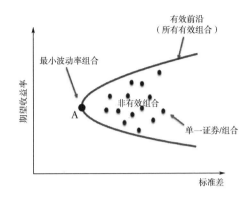

图 8-3　哈里·马科维茨有效前沿理论

该理论对于基金组合同样适用。前文提到，构建有效的基金组合能够在保证收益性和流动性的基础上提高安全性，即提高组合的风险收益比。因此，构建基金组合的目标就是寻找位于有效前沿上的不同风险级别下的最优性价比的组合。这就要求投资者在做基金组合的时候，选择不同股票资产占比、不同股票行业分布、不同风格、不同选手的产品，只有这样才有可能在组合中产生奇妙的"化学反应"，最终将组合的结果推至有效前沿之上。

二、基金组合的分类

基金组合很适合普通投资者，能够分散风险，提升获取收益的确定性。那么，常见的基金组合有哪些形式呢？分析如下。

（一）按基金组合的投资类型划分

1. 股票型基金组合

股票型基金组合主要投资于股票型基金，追求长期资本增值。股票型基金的投资范围广泛，包括不同规模的公司、不同行业和不同地区的股票。这种类型的组合适合风险承受能力较高、追求高回报的投资者。投资者可以根据自己的风险偏好和市场预期，调整股票型基金在组合中的比例。

2. 债券型基金组合

债券型基金组合主要投资于债券型基金，追求稳定的收益和资本保值。债券型基金可投资政府债券、企业债券、高收益债券等。这种类型的组合适合对资本保值和稳定收益有较高需求的投资者。投资者通过选择不同类型和不同评级的债券型基金，可以平衡风险和回报。

3. 混合型基金组合

混合型基金组合包括股票型基金、债券型基金、混合型基金，旨在在风险和回报之间找到平衡。混合型基金组合可以根据投资者的风险偏好和投资目标进行灵活配置。根据市场环境和经济预期的变化，投资者可以调整股债比例以实现资产配置的灵活性。

（二）按基金组合的风险收益特征划分

1. 货币增强型组合

R1 级（低风险）定位于现金管理，该类组合严格控制风险，通过优选货币型基金或短债型基金进行灵活配置，实现低波动特征下的货币增强，主要应用于资金流动性管理场景，长期目标收益力争跑赢货币基金市场平均收益水平。

2. 固定收益型组合

R2 级（中低风险）主要通过优选债券型基金达到投资效果，相对于货币增强那一类强调流动性管理的组合，其持有时间更长，通过一定程度的期限拉长或者信用下沉获取债券市场期限和信用带来的溢价，从而进一步获得高于货币型基金的回报。

3. 固收增强型组合

R2 级（中低风险）定位"固收 +"型，主要以投资固定收益类型基金为基础，为组合提供相对稳健的回报。同时通过配置少部分权益类或者转债类资产，利用债券与股票等不同资产之间的负相关性，为组合策略提供额外的收益来源，从而实现固收打底、权益增强的组合特征。

4. 股债平衡型组合

R3 级（中风险），一方面以权益类基金投资为基础，希望获取资本市场的长期收益；另一方面通过配置对应比例的固收类基金，降低组合策略的整体波动。通过优选各类型基金，并进行长期相对均衡配置，以达到穿越牛熊市场行情的投资目标。

5. 偏股型组合

R3/R4 级（中/中高风险），该类偏股型策略更注重权益资产的高弹性与高收益性，在牛市环境下，组合可以通过提高风险预算的方式增加权益仓位比例，获取高弹性和高收益；在熊市环境下，通过降低仓位规避部分风险，或者通过提高稳健收益类资产比例减少组合整体波动，以此实现市场上涨时跟得上、市场下跌时跌得少的投资效果。

以上 5 种基金组合策略对应的波动率范围见表 8-1。

表 8-1　不同风险等级的基金组合策略对应的波动率范围

策略风险等级	风险特征	策略类型	资产配比中枢	年化波动率（%）	长期预期年化收益率（%）（供参考）
R1 级	低风险	货币增强型	货币：短债 = 90：10	0.19	3.08
R2 级	中低风险	固定收益	债券（优选） = 100	0.76	3.77
R2 级	中低风险	固收 +	股票：债券 = 10：90	2.47	4.91
			股票：债券 = 20：80	4.60	5.29
			股票：债券 = 30：70	6.82	5.62
R3 级	中风险	股债平衡	股票：债券 = 40：60	9.08	5.88
			股票：债券 = 50：50	11.35	6.08
			股票：债券 = 60：40	13.62	6.22
R3/R4 级	中/中高风险	偏股型	股票 70 以上	15 ~ 25	6 ~ 7

三、如何构建基金组合

（一）确定一级资产配置比例中枢

1986 年，《金融分析师》（*The Financial Analysts Journal*）上刊登了一篇名为《决定组合业绩的关键因子》的论文。这篇论文的三位作者布林森（Brinson）、胡德（Hood）、比鲍尔（Beebower）（简称"BHB"）发出了灵魂拷问："资产配置与投资收益的变动有多大关系？"

他们选取了美国市场上的 91 只养老金基金，将每只基金 1974—1983 年这 10 年的投资业绩和它对应的相同资产配置下的市场基准收益进行时序回归分析，发现所有基金的决定系数平均值为 93.6%——这意味着基金每个季度收益的变动 93.6% 可以被其资产配置的基准收益所解释。也就是说，资产配置在投资收益的变动上起决定性作用。

因此，建议将确定组合资产配置比例中枢作为组合策略构建的第一步。以中债新综合财富指数作为债券资产代表，以国证 A 指作为权益资产代表，表 8-2 展示了 2012 年至今不同股债比例下基金组合的风险收益统计特征。

表 8-2　不同股债比例下基金组合的风险收益特征

股/债比例	10/90	20/80	30/70	40/60	50/50	60/40	70/30	80/20	90/10
年化收益率（%）	5.01	5.66	6.24	6.75	7.19	7.56	7.85	8.07	8.21
最大回撤（%）	-4.08	-9.24	-14.38	-19.41	-25.87	-32.52	-38.80	-44.72	-50.28
夏普比率	2.08	1.26	0.94	0.76	0.65	0.57	0.50	0.45	0.41
收益回撤比	1.23	0.61	0.43	0.35	0.28	0.23	0.20	0.18	0.16

注：①统计区间为 2012-01-01—2023-02-24。②股票指数：国证 A 指；债券指数：中债新综合财富指数。

从表 8-2 可以看到，随着权益比例从 10% 增加至 90%，基准指数年化收益率由5%增至8.2%，夏普比率由2.08降至0.41，最大回撤（极端风险下回撤）由-4.08%骤增至-50.28%。

作为构建基金组合的第一步，需要先结合上述不同资产中枢组合的风险收益情况，对自己能承受的最大损失有较为清晰的认知，构建与自己匹配的组合。

在锚定长期中枢的基础上，通过宏观经济分析、产业分析、一级资产之间的相对性价比研究，可以进一步对大类资产配置比例进行一定程度的偏离。比如，可以根据经济增长、通胀、流动性、政策、交易行为、估值等维度构建分析框架，据此判断资产的市场趋势与方向，并根据量化策略指标评估资产市场状态，对各资产的波动风险、相关性进行经定性调整之后的量化评估，以此形成对股票、债券、商品等资产在收益与风险两个维度的投资意见。

（二）确定二级资产或三级资产配置方案

组合策略构建的第二步是进行二级资产内部股票的风格与行业、债券的久期与信用等细分结构的配置。一般来说，会通过相对均衡配置策略明确权益和债券资产两个类别下的细分资产的比例，再进一步在锚定的基准比例上进行一定程度的偏离。

具体来说，首先，将权益基金分为风格和行业两大类，进而划出价值成长等风格子类及不同的行业子类。通过与配置的权益基准（比如沪深300指数）进行偏离风险的比较，确定各子类的偏离风险处于相对可控的状态，并以此作为组合运行的子类配置基础。其次，从定性或定量定性结合的研究角度出发，基于对宏观政策、基本面、估值、市场情绪等因子的分析（图8-4），对不同的风格子类及行业子类进行性价比分析，最终通过优选性价比高的风格子类及行业子类进行二级配置。

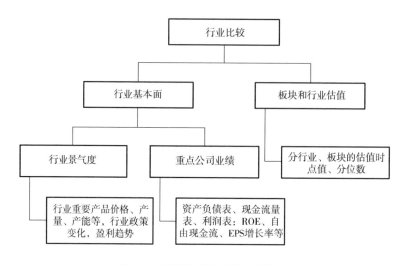

图 8-4 权益类资产比较分析框架

债券部分的细类资产比例根据各细分债券资产的风险情况进行均衡配置。主要包括对债券资产久期风险、信用风险两个主要风险来源的均衡配置。

1）对于债券资产久期风险，由于久期表征的是债券价格对利率的敏感性，久期越长的债券对利率的敏感性越高，利率变动对债券造成的波动也越大。因此，短、中、长久期的债券风险是依次递增的，通过对短、中、长久期债券基金的比例梯度递减，实现风险的均衡配置。

2）对于债券资产信用风险，主要测量利率债和信用债，以及不同信用评级债券所呈现的波动特征及风险收益比例，以进行信用上的均衡配比。基准组合在信用下沉上偏向稳健，以外部隐含评级 AAA 及 AA + 为主的标的为主要信用载体。同时，通过基于宏观基本面对利率变化、信用利差变化的跟踪（分析框架如图 8-5 所示），适当进行利率和信用结构调整。

在二级资产配置的基础上，还可以结合政策热点、市场风格、行业景气度等确定投资主线，形成某一风格、某一赛道的主题类三级资产配置方案。

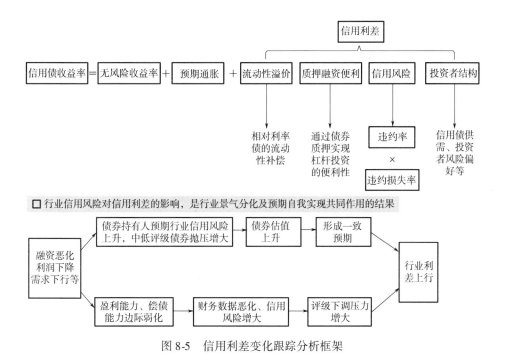

图 8-5　信用利差变化跟踪分析框架

（三）在二级或三级资产配置方案内优选基金

组合策略构建的第三步是筛选成分基金，按照前述第一步、第二步的结论，从备选库中挑选组合策略配置所需的具体基金产品品种和数量（比例）。

与前文对基金的分类不同，表 8-3 更多的是基于资产配置的角度，对比不同类型基金产品的差异化特征。

表 8-3　基金分类标准示例

一级分类	二级分类	分类定义
主动股票型	行业基金	将申万一级 31 个行业聚类为 6 个板块（TMT/医药/消费/工业/资源/金融地产）。特定板块的股票持仓占基金股票市值的比例不小于 60% 的，为对应的行业基金
	沪港深基金	主要投资于港股的主动股票型基金
	全 A 市场选股基金	主动股票型基金中，除行业基金、沪港深基金，其他自动划分为全市场选股基金

一级分类	二级分类	分类定义
主动债券型	超短债基金	短期纯债券型，基金主要投资于剩余期限在 270 天以内的债券
	一年短债基金	短期纯债券型，基金主要投资于剩余期限在 397 天以内的债券或者久期不高于 1 年的基金
	中短债基金	短期纯债券型，基金的平均剩余期限控制在 3 年以内
	中长期纯债基金	纯债券型，期限配置或组合久期超过 3 年、近 3 年持仓中转债仓位均小于 1% 的为中长期纯债基金
	转债增强基金	符合债券型条件，同时可部分投资权益类资产的基金，近 3 年的持仓中任意季度转债仓位占比超过 1%，但不满足转债基金的基金定义为转债增强基金
	转债基金	符合债券型条件，同时可部分投资权益类资产的基金，近 3 年的持仓中任意季度转债仓位占净值比超过 80%，或者 Wind 定义为转债基金的，则定义为转债基金
	二级债基	符合混合债券型：①可参与一级市场转债申购，持有因可转债转股所形成的股票及股票派发或可分离交易可转债分离交易的权证等资产的混合债券一级基金；②符合混合债券型，可投资公开上市发行的股票及权证的混合债券二级基金；③基金明确说明其投资是偏向债券的偏债混合型基金
绝对收益型	股票多空基金	通过做空和做多投资于股票及股票衍生品获得收益的股票多空基金
	货币基金	仅投资于货币市场工具的基金
配置工具型	QDII 基金	主要投资于非本国的股票、债券、基金、货币、商品或其他衍生品的基金。QDII 的分类细则同上面国内的分类
	增强指数型基金	以追踪某一股票指数为投资目标的股票基金，实施优化策略或增强策略的为增强指数型
	被动指数型基金	以追踪某一股票指数为投资目标的股票型基金，采取完全复制方法进行指数管理和运作的为被动指数型

将上层的配置需求和下层的基金产品分类一一对应后形成配置方案，表 8-4 为资产配置与基金组合构建示例。

表 8-4　资产配置与基金组合构建示例

一级资产	配置比例（%）	二级资产	配置方向	配置比例（%）	三级主题	具体标的
股票	24	蓝筹股指	沪深300	3~7	—	××中证红利指数增强
		中小创成长	创业板指	0~4	5G	××成长优选
					科创板	××创业板 ETF
			中证500指数	1~6		××中证500ETF
		食品饮料	白酒、乳制品	2~4	—	××消费 ETF
		医药	创新药	0.5~2	—	××医药 ETF
		军工	军机、舰船和北斗导航等	0~1.5	—	××军工 ETF ××中证军工
		电力设备	光伏	0~2.5	光伏产业链	××智能制造 ××光伏 ETF
		港股	恒生指数	0~5	—	××港股 ETF
债券	65	信用债	中债-信用债总财富（1~3年）指数	25~55	中高等级信用债	××信用债 A/C
		利率债	中债-国债财富（7~10年）指数	15~55	中长端国开债	××7~10年国开行
		可转债	中证转债指数	5~15	二级债基	××信用债券
		中资美元债	境外中资美元债	0~20	境外城投债	××全球高收益债人民币
商品	6	黄金	黄金基金	0~3	—	××黄金 ETF
		原油	原油基金	1~5.5	—	无较好标的
货币	5	货币资产	货币基金	15	—	货币基金

综上，以上三个步骤展示了如何通过自上而下和自下而上相结合，最终构建属于自己或者说更加匹配自己的基金组合。

四、基金组合的调整优化

与持有基金一样，投资者也需要根据市场变化和投资需求的变化调整自己所持有的基金组合，以优化投资回报。一般而言，组合策略的调整分为主动调整和被动再平衡两种情形。

（一）组合策略的主动调整

随着宏观政策的变化、资金流向的转移、市场风格的切换、行业主题的轮动等，投资者对市场观点的判断会发生一定的变化，导致其一级资产、二/三级资产、成分基金的配置比例跟随投资观点的变化而变化，由此对组合策略的各级资产配比进行主动的调整。

对于组合的主动调整，需要重新走一遍类似构建组合的流程，回顾组合的状态是否适应当下或者未来的市场环境，是否还能有效地实现投资目标。这是一个不断动态调整、动态优化的过程。

（二）组合策略的被动再平衡

在投资者的观点判断未发生变化的情况下，组合策略各成分基金的比例也会随着市场行情的变化而变化，由此造成一级资产、二/三级资产、成分基金的配置比例偏离预设的中枢。当偏离过大时，可能会造成预期投资和实际投资效果不一致。在此情形下，需要对组合策略进行重新调整，将各类资产的占比调整至初始设定值，这种重新调整被称为定期再平衡。

定期再平衡机制暗含着高抛低吸的交易逻辑，由于大类资产长期存在均值回归的特征，所以引入定期再平衡有助于降低策略波动，提升长期风险收益比。基于此，对不同股债配置比例组合进行了不同期限定期再平衡测试，结果如图 8-6 所示。

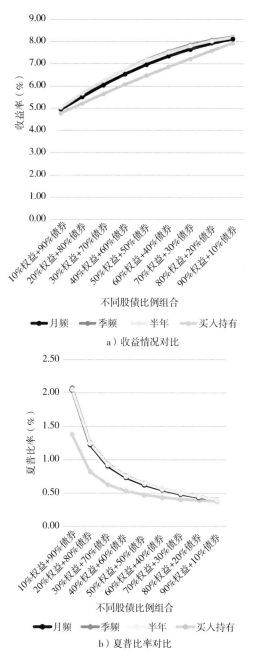

a）收益情况对比

b）夏普比率对比

图 8-6　各类股债比例配置在不同再平衡周期下风险收益情况对比

数据来源：创金合信基金

由图 8-6 可以得出以下结论：

1）再平衡机制对于不同中枢的组合，长期都能提升各类组合的收益风险比，在低风险组合（10/90、20/80、30/70）的效果比高风险组合更加明显。

2）定期再平衡相比于简单地买入持有，能显著提升收益和风险收益比，但定期再平衡采用月频、季频、半年频的调整方式之间的差异不大。

因此，建议在风险偏低的"固收＋"类型的组合（10/90、20/80、30/70），如果没有调整的策略，可以采用这种比较简单的定期再平衡的方式调整组合的股债比例。相比于简单地买入持有，这种方式能显著提升收益和风险收益比。

五、给投资者的建议

根据以上介绍的构建基金组合的各种方法，可以给投资者提供一些比较具体的投资建议：

1）研究市场。在进行基金投资之前，深入研究市场，了解各种基金类型、市场走势和宏观经济因素对基金的影响；阅读专业报告、观察市场趋势，掌握投资所需的相关知识。

2）理解风险。投资是伴随风险的，了解和接受投资所带来的风险是非常重要的。投资者须根据自己的风险承受能力和投资目标制定合理的投资策略，并在投资过程中保持理性和冷静。

3）有耐心。基金投资是一个长期的过程，不要期望短期内能获得高收益。保持耐心，坚持长期投资策略，并适时调整投资组合，以适应市场的变化。

4）寻求专业帮助。如果对基金投资不太熟悉，可以寻求专业投资顾问的帮助，他们可以根据投资者的需求和目标提供个性化的投资建议，并帮助投资者选择适合的基金组合。

5）经常学习和更新知识。基金投资是一个不断发展和变化的领域，投资者应定期更新投资知识，关注市场动态和新的投资机会，以保持投资组合的竞争力和适应性。

6）深入研究基金。在选择基金时，不仅要看其过去的业绩，还要了解其投资策略、资产配置和风险管理能力。评估基金经理的经验和能力，以及基金公司的声誉和治理结构。

7）分散投资。通过投资不同类型、不同风格、不同地区和不同规模的基金，实现投资的分散。这有助于降低特定投资的风险，平衡整体组合的回报和风险。

8）关注费用。费用对投资回报有重要影响。比较不同基金的管理费用、销售费用和其他费用，并选择费用合理的基金。低费用的基金可以为你的投资增加更多的收益。

9）长期投资。避免短期市场波动干扰决策，坚持长期投资策略，耐心等待投资的长期增长和回报。

10）保持良好的心态。市场会有涨跌和波动，投资者需要保持冷静和理性的心态，不要被市场情绪左右，遵循自己的投资计划和策略。

11）定期评估投资目标和策略。定期评估投资目标和策略是否仍然适合自己的需求和风险承受能力。随着个人情况和市场环境的变化，可能需要调整投资目标、重新制定资产配置策略或调整投资组合的比例。

12）制订应急计划。在投资过程中，须制订一份应急计划，包括在市场下跌时的行动计划、风险控制策略和投资组合的调整方案，以便在不确定的市场环境下更好地应对风险。

13）持续监测和跟踪。使用基金公司提供的工具和平台，实时了解基金的净值、投资组合和市场动向，持续监测和跟踪基金组合的表现和市场动态。这有助于及时做出调整和决策，以最大限度地利用市场机会。

14）分享和交流经验。与其他投资者分享经验和学习，参加投资者交流会议或论坛。通过与其他投资者的交流，可以获得新的观点和想法，拓宽投资视野，并从其他人的经验中学习。

综上所述，基金投资是一项复杂的任务，但通过深入研究、合理分散投资、优化调整和持续学习，投资者可以更好地构建和管理自己的基金组合，实现长期的投资目标。通过选择合适的基金类型和优化策略，投资者可以在投资过程中降低风险、获得稳定回报。重要的是要根据自身的目标和风险承受能力制订适合自己的投资计划，并持续监测和调整投资组合，以适应市场的变化。记住，投资需要时间、耐心和持续的努力。持续学习和适应市场变化是成功的关键，同时要保持理性和冷静的投资心态。

本章小贴士

1. 股票型基金组合主要投资于股票型基金，追求长期资本增值，适合风险承受能力较高、追求高回报的投资者。

2. 债券型基金组合主要投资于债券型基金，追求稳定的收益和资本保值，适合对资本保值和稳定收益有较高需求的投资者。

3. 混合型基金组合可能包含股票型基金、债券型基金、混合型基金，旨在在风险和回报之间找到平衡，可以根据投资者的风险偏好和投资目标进行灵活配置。

4. 与持有基金一样，投资者也需要根据市场变化和投资需求的变化调整所持有的基金组合，以优化投资回报。

5. 持续学习和适应市场变化是成功投资的关键，同时要保持理性和冷静的投资心态。

第九章

基金投资风险

导读：长期持有——应对风险的好办法

谈到自己 10 余年的基金投资历程，范女士感慨道："这些年间，我经历过投资成功的喜悦，也经历过基金亏损的彷徨。但不管怎样，我一直信奉长期持有，始终坚持投资基金至今。"

2010 年，经过各种指标比选，范女士重仓投资了一家传统老牌基金公司旗下的明星基金。买入后，这只基金净值上涨很快，范女士感到十分欣喜和满意。但随着 2011 年底熊市的到来，这只基金也没能逃过不断下跌的命运。是继续坚持，还是中断投资，范女士经过深思熟虑决定坚持下去。后来，这只基金没有令范女士失望，为她带来了理想的投资回报。有一位著名的投资者说过这样一句话，如果你看好该公司的发展前景，就可以一直持有该公司的股票。

基金投资对普通老百姓而言是一种可触达的广泛应用的投资方式，但也伴随着一系列风险。本章将从多个角度深入分析基金投资风险，包括风险类型、风险识别、风险管理和风险控制等方面，旨在帮助投资者更好地了解基金投资风险，并提供实用的解决方案。

一、基金投资风险概述

（一）什么是基金投资风险

基金投资风险是指投资者在购买和持有基金时所面临的潜在损失或收益的不确定性。通过基金投资，一些投资者已经获得一定收益，但若想长久且稳定地获取收益，正确应对风险是关键。风险不是一件好事，大多数头脑清醒的投资者都希望控制风险或使其最小化；风险也不完全是一件坏事，作为投资者，如果不愿承担任何风险，也无法获得理想的收益，大多数时候需要在收益和风险之间做好平衡。

基金投资风险可以分为两类：一类是系统性风险，是由国家政策或国际形势剧烈变动造成市场恐慌、资产价格下跌的风险；另一类是非系统性风险，是由于企业个体经营层面因素造成单只证券价格下跌的风险。

为什么有些人只买基金不买股票？是因为他们难以承受单只股票的波动。虽然一家收益稳定、业绩良好的公司的股票价格长期来看大概率上涨，但是投资者很可能会从短期震荡中收获错误信息，从而放弃持有造成亏损，这样的事情屡见不鲜。而基金是一个"组合"，在市场一天的行情中，总有一部分股票上涨，另一部分股票下跌，倘若构造出一个由多只股票构成的组合，并交由专业人士管理，就可以过滤出长期的趋势。因此，基金投资可以最大限度消除非系统性风险，而系统性风险是基金主要暴露的风险。

然而，基金也并非纯粹的"组合"。首先，基金是一种"产品"，只要是"产品"就会有定位，不同定位的产品自然蕴含着不同的风险。例如，股票型基金的风险高于债券型基金的风险，行业主题型基金的风险高于全市场覆盖基金的风险。基金还涉及人的主观能动性，基金经理的能力也直接影响其所管理基金的业绩，这是基金的另一个风险来源。在极端行情下，普通投资者身上暴露的缺陷同样有可能出现在基金经理身上，基金经理不是万能的，他们对未来的预知不可能100%正确。

（二）为什么基金投资存在风险

基金投资存在风险的主要原因是基金投资与市场和资产价值波动紧密相关，投资者在谈论基金投资风险的时候，更应该深挖风险背后的驱动因素，只有充分认识这些驱动因素，才能帮助投资者进行科学合理的基金投资决策。以下是导致基金投资存在风险的主要驱动因素：

1）市场波动。市场波动是基金投资最常见的风险之一。金融市场受经济、政治、社会和自然因素等多种因素影响，市场价格和资产价值可能会发生剧烈波动，导致基金的净值下跌。

2）经济变化。经济环境的变化对基金投资具有重要影响。经济增长、通货膨胀、利率变动、货币政策等因素都会影响市场和资产价格的走势，进而影响基金的投资回报。

3）政策变化。政策变化可能会对基金投资产生重大影响。政府的法规、税收政策、货币政策等调整可能会导致特定行业或资产类别的价值发生变化，从而影响基金持仓的表现。

4）公司经营状况。国内基金仅限于标准化金融工具的投资，常见的标准化资产主要包括股票和债券，而这些金融工具都与特定公司或发行机构相关，公司业绩不佳、财务困境、违约等情况可能会对基金资产净值产生负面影响。

5）流动性水平。基金中的资产可能存在流动性风险，即这些资产无法迅速变为现金。当基金面临赎回潮或市场流动性紧张时，基金管理人可能面临难以及时满足赎回请求的风险。

6）基金管理人综合实力。基金的绩效和管理质量与基金管理团队的能力和投资决策密切相关。基金管理人的投资决策、交易执行能力、风险管理水平等都可能对基金的投资结果产生重要影响。

以上这些因素共同导致了基金投资存在风险。投资者需要认识这些风险，并根据自身的风险承受能力和投资目标做出明智的投资决策，通过适当的风险管理和多样化投资，降低基金投资风险，增加投资成功的机会。

二、基金投资常见风险

基于投资者角度，在进行基金投资时主要有以下 5 类常见风险。

（一）市场风险

市场波动可能会对基金净值表现产生影响。股票型基金主要受股市涨跌的影响，如在 2018 年，由于国际贸易摩擦和人民币的持续贬值，上证指数和沪深 300 指数均大幅下跌 25%，这导致当年超过 99% 的普通股票型基金无法获得正收益，且亏损超过 20% 的普通股票型基金占比高达 70%。市场上的股票型基金可大致分为全市场选股基金和行业主题型基金，近几年极致的结构化市场行情导致股票型基金业绩表现分化也较为严重，这就对投资者进行基金投资时的市场风险研判提出了更高的能力要求，除了研判大类资产，还需要深刻把握细分资产的趋势；债券型基金受利率变动的影响，商品基金受商品价格波动的影响，市场的不确定性可能导致基金净值下跌。

（二）信用风险

如果基金持有债券或其他固定收益证券，投资者将面临因债券发行人违约无法按时支付利息或本金造成的永久性损失的风险，基金持有债券发生信用风险对基金净值的影响程度与基金经理组合管理策略有关。其中，信用下沉是一种常见的债券组合管理策略，指的是为了获得更高的收益，基金经理选择投资信用风险较高的债券。在不发生违约事件的情况下，信用下沉可以提升基金净值表现，但是一旦债券主体发生违约事件，债券型基金就可能出现亏损。比如，某纯债基金在 2022 年由于其持有的旭辉和龙湖两家房企的债券出现暴雷，在 2022 年出现了 7 个点的亏损，且在当年 8 月 1 日后的 100 天里回撤达到了 14%。持仓是否有严重的信用下沉，下沉比例有多大，同一主体最高占比多少，违约率有多高，违约回收率如何等，都与债券基金背后的信用风险密切相关。

（三）流动性风险

某些基金投资于难以快速买卖的资产，如流动性受限的股票或不活跃的债券，可能会出现基金资产无法及时变现而影响投资者及时赎回资金到账的情况。例如，2016 年初熔断发生时很多股票连续跌停，净值下跌引起客户赎回，连续的巨额赎回加剧基金管理人不计成本地抛售股票进而引起股票资产价格下跌，如此恶性循环导致基金资产变现困难，无法继续满足客户的赎回需求。又如，2022 年 11 月初的债市调整也存在应对理财客户赎回的流动性压力问题，流动性风险和市场风险相互传染影响，直到 2023 年 4 月理财产品净值才慢慢修复，此次固收类产品的调整周期大大超出持有人预期。

（四）基金经理风险

基金的绩效很大程度上取决于基金经理的投资决策和能力。如果客户持有的基金发生基金经理变更、投资风格漂移、能力圈发生变化等，就有可能导致基金无法取得良好的投资结果。

（五）费用风险

基金投资费用通常涉及管理费用、托管费用、销售费用（或有）和申赎费用，高费用会对基金的回报和投资者持有收益产生负面影响。市场上的很多基金有 A、C 两种份额，C 份额一般收取销售服务费，基金运作综合成本高于 A 份额，但 C 份额对投资者的便利之处是在持有期较短时收取的赎回费相对 A 份额低。因此，投资者在投资基金时应根据自己拟持有期限进行长 A 短 C 的合理选择。对于一般基金而言，持有期限在 1 年以内选择 C 份额较为划算。

虽然我们是单独谈基金投资常见的各类风险，但部分风险会交叉传染形成蝴蝶效应，如由市场风险引起的流动性风险。2022 年 11 月初，由于政策的松绑叠加地产政策的刺激，投资者对经济回暖的预期强化，导致银行理财产品（绝大部分为稳健的固定收益类）净值向下波动，投资者持续地大量赎回，赎回流动性的解决又继续传导至抛售债券的压力，进而冲击债券利率曲线大幅上行，进一步加剧净值化理财产品的净值下跌，如此循环形成负反馈。对投资者而言，该风险大大超出其预期。

三、基金投资风险的识别

基金是一种监管严格的专业化投资产品，即使你对投资一窍不通，也可以通过基金公布的风险等级初步把握其风险水平。然而，风险等级也具有局限性，风险等级过分依赖基金类型，在风险等级评定方法上较为单一，难以对同类型的基金进行更细化的风险区分，这是由于其忽视了对历史业绩的考察和基于当下环境结合基金持仓风格对未来趋势的研判。虽然过去的业绩不能代表未来，但由于无法获取未来的数据，只能对过去的数据进行分析，并借此对未来做出合理预测。那么有哪些方法和指标可以衡量基金的投资风险呢？

（一）定量分析方法

1. 股票仓位

股票仓位是基金所投资的股票资产相对于基金资产的占比。众所周知股票投资的风险高于债券，基金股票仓位越高，风险越大。在牛市中，股票仓位越高，越容易获取高收益；在熊市中，股票仓位越高，亏损可能越大。

2. 集中度

基金是一个"组合"，优势是通过分散化规避一些非系统性风险，然而分散化的程度有高有低，可以通过集中度来观察。集中度一般包括个股集中度和行业集中度，前者一般采用基金前十大重仓股票占比来衡量，后者一般采用前三大行业占比来衡量。个股集中度越高，基金的特征越向股票靠拢，"组合"的特征就会减弱，重仓的几只股票把握了基金业绩命脉。单个行业往往比全市场波动更为剧烈，并且基金经理很难在不景气行业中避免亏损，行业集中度较高的基金更像是一种"押注"，寄希望于其所覆盖的行业受到市场风向的"照顾"，因而风险较大。

3. 波动率和最大回撤

波动率和最大回撤是衡量基金风险较为直接的指标。二者的区别是：前者衡量基金的波动程度，是一个双向指标，既包含上涨因素，也包含下跌因素；后者是基金在过去一定时期内给投资者带来的最大亏损，是一个单向指标。波动率和最大回撤这两个指标有很强的相关性，一般来说波动率越大的基金，最大回撤也越大。对于新手投资者而言，仅看这两个指标的数值很难对基金进行准确定位。例如，某普通股票型基金在 2022 年的最大回撤为20%，相信大部分投资者难以接受 20% 的亏损，会认为该值过高；而在 2022年局部冲突、疫情反复等多方不利因素作用下，20% 的最大回撤在市场全部858 只普通股票型基金中排在第 109 位，这是一个"很理想"的排名。这说明，波动率和最大回撤受整体市场影响较大，如果投资者是股票型基金的簇拥者，就更应该关注同类基金的排名而非数值的绝对大小。

不少学术研究表明，波动率与回撤等风险指标相较于收益性指标的可持续性更为明显。简而言之，过去收益高的基金在未来不一定仍然维持高收益，但是过去波动率和回撤大的基金未来很可能继续维持较高的波动率或出现较大的回撤。通过分析 2021 年普通股票型基金中波动率较大的 100 只基金在 2022 年的表现发现，仍然有 48 只基金在 2022 年排在波动率前 100（按波动率降序排序），且仅有 1 只基金排在波动率后 100。

4. 债券基金的风险指标

债券基金的风险并不高，极少出现整年度亏损，适合风险承受能力较低的稳健投资者。债券基金的风险主要包括利率风险和信用风险。

利率风险的衡量指标是产品修正久期，债券基金的半年报和年报会披露利率风险的敏感性分析，即市场利率每变动 25 个基点对基金资产净值的影响，根据披露数据可以推测该产品的修正久期大小。具体的计算方法为：用利率上行 25 个基点和下行 25 个基点的净值变动的绝对值的平均值，除以产品的规模（所有份额合并计算），再除以 0.25%，即可得到产品的久期。久期越长，意味着债基受利率波动的影响越大，利率风险越高。

以创金合信鑫日享为例，做一个简单的计算题。表 9-1 为 2022 年中报披露的利率敏感性分析。

表 9-1　2022 年中报披露的利率敏感性分析

假设	市场利率以外的其他市场变量保持不变		
分析	相关风险变量的变动	对资产负债表日基金资产净值的影响金额（单位：元）	
		本期末（2022-06-30）	上年度末（2021-12-31）
	1. 市场利率平行上升相关风险变量的变动 25 个基点	− 15,657,422.15	− 8,865,665.95
	2. 市场利率平行下降相关风险变量的变动 25 个基点	15,735,236.00	8,915,255.02

先计算 15,657,422.15 与 15,735,236.00 的平均数，再除以中报里找到的基金净值 10,196,204,608.77，最后除以 0.25%（25 个基点），得到的 0.62

年即为创金合信鑫日享的产品久期。

采用同样的方法计算出创金合信尊丰的产品久期为 3.02 年。显然，创金合信鑫日享为短久期产品，而创金合信尊丰为长久期产品。继续观察 2022 年下半年：7 月，利率下行，该月创金合信鑫日享 A 上涨 0.33%，创金合信尊丰上涨 0.72%；11 月、12 月，利率大幅上行，期间创金合信鑫日享 A 下跌 0.15%，创金合信尊丰下跌 0.77%。可以看出，长久期产品在利率下降阶段涨幅较大，在利率上行阶段跌幅较大。因此，理想情况下正确的做法是，在利率上行周期选择短久期债基，在利率下行周期选择长久期债基。

信用风险的衡量指标包括组合静态收益率、组合信用利差水平、组合的信用持仓结构，以及历史上该基金管理人或该基金是否发生过信用风险事件。对于普通投资者而言，虽然很难获取前两个指标结果，但可以考察后两个指标维度。

5. 股债性价比指标（ERP）

该指标通常被称为股权风险溢价或股债性价比，是借鉴美联储的 FED 模型。FED 模型是美联储发布的一个估值模型，也是国际上普遍认可的市盈率估值法，是将股票的收益率和长期政府债券进行比较，根据模型结果判断股票资产和债券资产的风险和机会，在中长期的资产配置中有较强的参考价值。

在日常投资实践中，用 10 年期国债收益率反映债券预期收益率，用股票指数市盈率（EP）的倒数反映股票的预期收益率，具体计算公式如下

股债性价比 ERP = 股票指数 EP – 10 年期国债收益率 × 2[一]

整体而言，ERP 指标数值越大，代表股票资产的性价比越高，反之则代表股票资产性价越低。投资者如何识别 ERP 指标是高还是低呢？可以通过该指标值当下所处的历史分位水平进行判断。当该指标值处于历史极端分位水平时，若在 80% 以上，则认为当下股票资产处于较好的投资时机；若在 20%

[一] 根据国内实践经验，一般在指标计算时选择 10 年国债收益率的 2 倍。

以下，则认为股票投资风险较高，债券资产相对更有吸引力。

图 9-1 为近 5 年股票指数 EP 溢价分位数变动图，图 9-2 为近 5 年沪深 300 指数走势图。

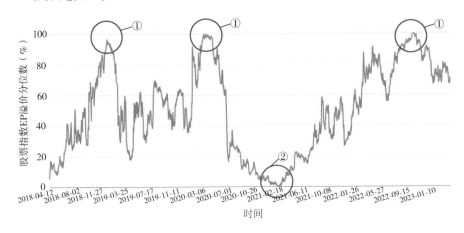

图 9-1　近 5 年股票指数 EP 溢价分位数变动图

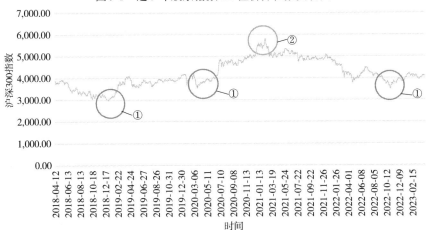

图 9-2　近 5 年沪深 300 指数走势图

通过对比可以很清楚地发现，在图 9-1 中出现峰值的 3 个时间（圈①所示），恰好是沪深 300 指数的局部低谷，是买入股票的合适时机，而波谷时间（圈②所示），恰好是沪深 300 指数近 5 年的最高点，是卖出股票规避风险的理性选择时机。因此，投资者通过 ERP 指标进行择时，可以有效避免"高买低卖"

带来的亏损，选择一个合理的配置进场时机，获取未来较高胜率的盈利体验。

（二）定性分析方法

研究基金经理的投资经验、业绩记录和投资策略，了解基金经理的背景，包括教育背景和投研路径，还可以通过评估基金经理的业绩稳定性、持仓周期、市场适应性等维度评估和识别其能力。

对于管理人，评估基金公司的投研整体实力，从公司文化和投研团队的稳定性、投研合作情况、投资决策机制及投研团队的激励考核等角度进行综合考察，亮眼业绩的背后除了基金经理个人能力，更离不开公司文化的熏陶和投研团队的赋能加持。一个人可以走得很快，但要想走得更久更远，离不开生生不息又默默发挥作用的公司文化和平台团队。

四、如何管理和控制基金投资风险

完成基金投资风险识别和评价后，要做的是在基金购买和持有时学会管理和控制风险。

1）区分控制风险和规避风险。规避风险是一种过激行为，风险并非"过街老鼠"，投资者要做的是控制风险，使未来可能发生的亏损在"可接受的范围"内。"可接受的范围"使控制风险的行为充满了主观色彩，如果投资者对风险的容忍度更高，当然可以放松对风险的控制。因此，控制风险并不是将风险指标限制在完全安全的范围内，而是与自身的风险承受能力相匹配。一个很有经验的投资者可以自主选择在某一方面暴露更多风险，因为风险收益同源，如果选择承担更多的风险，期望的是获取与之相匹配的收益。因此，管理和控制风险的第一步是明确自己的投资目标和风险承受能力，根据个人的财务状况、投资经验和时间目标，选择适合自己的基金产品和策略。

2）谨慎选择基金产品和基金经理。仔细研究和评估基金产品和基金经理的投资绩效、投资策略和风险管理能力，选择具有良好声誉、投资经验丰富和投资业绩良好的基金经理，以提高投资成功的概率。

3）构造多样化的基金组合。通过将资金分散投资于不同类型的资产和市场，可以降低特定风险对整个投资组合的影响。多样化可以包括不同行业、不同地区、不同资产类别的投资，以减少特定风险的暴露。比如，虽然行业主题型基金的波动剧烈、风险较大，但是投资多个行业主题型基金就可以进一步分散行业风险，从而实现控制风险的目的。该步骤需要有一定的投资经验和市场判断能力，不适合新手投资者。

4）定期监控和评估基金组合。定期审查基金组合的表现，并与自己设定的目标进行对比，如果发现基金组合与目标偏离过大或风险暴露度过高，就可以考虑进行再平衡或调整。

5）控制情绪和避免冲动决策。情绪化和冲动的投资决策常常导致错误的投资行为，投资者应学会控制情绪，不受市场短期波动的影响，保持冷静和理性的思考。

6）持续关注基金的不定期信用披露，尽早发现基金经理更替、基金清盘等信息，从而做出调整。

需要注意的是，以上这些方法虽然不能完全消除投资风险，但可以帮助投资者更好地管理和控制风险，提高投资成功的概率。根据个人情况和风险承受能力，投资者可以选择适合自己的方法来管理投资风险。如果有需要，寻求专业的基金投资顾问的帮助和建议也是一种明智的做法。

五、防范基金投资风险的建议

（一）长期持有，做时间的朋友

基金通过构造"组合"极大地剥离了非系统性风险，立足追求长期趋势投资，投资者的投资行为应与该特点相匹配。短期下跌并不可怕，可怕的是无可挽回的亏损；基金业绩波动不可怕，可怕的是在最低谷时不再陪伴。因此，在基金投资前，投资者应充分分析基金过往业绩及投资策略，挖掘过去的风险暴露，对未来风险程度进行预判。若选择申购，请多一些耐心，通过长期持有将基金风险熨平。

通过分析我国1991—2022年的股票交易历史可以发现，尽管在此期间我国股市经历了多次股票大跌，上证指数仍然增长了2,217.14%，年化收益率为10.73%。如果投资者真的能坚持长期持有，就会有不错的收益。10.73%这个数值就是长期趋势，正是基金所追求的长期收益。有人可能会说稳定持有32年不太现实，那么假设在这32年内的任一天买入上证股指数分别持有1天、1年、3年、5年、10年，获得正收益的概率分别为53%、54%、63%、77%、91%。很显然，市场不会辜负你的长期陪伴，而短期持有的五五胜率明显差强人意。因此，长期持有是一种优秀的投资习惯，它虽然不能完全避免风险事件，但是能通过拉长时间把风险稀释。

为了为投资者提供基金持有期的良好建议，帮助投资者获得更好的持有期体验，目标是大概率能赚钱，我们进行了较长周期的数据测算，见表9-2。

表9-2　周期收益数据测算

权益中枢	最小日期	最大日期	样本数量	收益率（%）						
				持1月	持3月	持6月	持1年	持18月	持2年	持3年
5%	2017-09-01	2022-08-31	1,215	80	94	100	100	100	100	100
10%	2017-09-01	2022-08-31	1,215	72	90	93	100	100	100	100
20%	2017-09-01	2022-08-31	1,215	65	76	77	86	100	100	100
30%	2017-09-01	2022-08-31	1,215	62	70	72	76	96	100	100
40%	2017-09-01	2022-08-31	1,215	60	66	69	72	91	100	100
50%	2017-09-01	2022-08-31	1,215	59	64	66	69	88	100	100
70%	2017-09-01	2022-08-31	1,215	58	61	64	66	79	100	100
90%	2017-09-01	2022-08-31	1,215	57	59	63	66	75	99	100

注：数据来源于创金合信基金。

测算结果表明：如果客户的组合配置中持有的权益资产比例越高，要想获得正收益，那么对应的持有时间就越长。一般来讲，如果是低波动"固收+"，建议最短持有期3~6月；如果是稳健收益型（中高波动"固收+"），建议最短持有期1年；若是平衡收益型，建议最短持有期18~24月；若是积极收益型，建议最短持有期2~3年。

但是，长期持有并不意味着"对所有基金都长期持有"，如规模小于5,000万元的基金不适合长期持有，其面临的清盘风险可能无法满足长期持有的愿景。另外，若发生基金经理投资风格漂移或基金经理更替，则需要重新评估长期持有的可行性。

（二）调整心态，下跌不可避免

对短期下跌的难以承受是长期持有的最大阻碍。风险的兑现就是下跌，下跌再兑现就是不可逆的亏损，虽然下跌不可避免，但是不可逆的亏损是可以避免的。股票可能会由于公司经营出现重大问题发生持续下跌，止损是非常关键的一步，然而基金具有"组合"的天然优势且由专业人士管理，基金投资的标的大多具有优良的基本面，因此，"均值回归"是下跌后更可能发生的事。

（三）保持冷静，切勿在热度中迷失

以上指标都是基于历史数据的分析，而风险是面向未来亏损的概率，所以以上指标可以作为参考但不可过分迷信。将时间拉回到2006年10月，此时的上证指数为1,700点，接下来的2007年，由于股权分置改革、外资涌入，上证指数飙升至6,000点，收益达到了250%。2007年的所有风险指标都是那么诱人，似乎风险是不存在的，然而接下来的一切却是颠覆性的：全球性的金融危机蔓延，前一年的暴涨化为乌有，上证指数重回1,700点附近，大批投资者遭受重创，苦不堪言。因此，收益本身尤其是短期的收益不能完全反映投资的质量，特别是在极端行情下。

本章小贴士

1. 基金产品有股票型基金、债券型基金、行业主题型基金等不同类型，产品定位不同，风险也不同。

2. 谈论基金投资风险离不开基金投资风险背后的驱动因素，投资者只有充分认识这些驱动因素，才能科学合理地进行基金投资决策。

3. 任何事情都有两面性。风险不是一件好事，大多数头脑清醒的投资者都希望控制风险或使其最小化；风险也不完全是一件坏事，作为投资者，如果不愿意承担任何风险，也就无法获得理想的收益，大多数时候需要在收益和风险之间做好平衡。

4. 基金通过构造"组合"极大程度地剥除了非系统性风险，立足追求长期趋势投资。与该特点相匹配，投资者应尽量选择长期持有，这是一种优秀的投资习惯，虽然不能完全避免风险事件，但是能通过拉长时间把风险稀释。

5. 预判基金风险可参考历史数据，但不能过于迷信历史数据，毕竟风险是未来可能发生亏损的概率。

第十章

基金绩效评估

导读：做好绩效评估——用基金投资为家庭撑起一把安全伞

刘女士的生活一直顺风顺水，从求学到工作，从结婚到生子，虽然称不上大富大贵，但从未为钱发过愁。直到2016年，生活中一场突发的变故让刘女士一家陷入困境，家庭的重担全部压在了刘女士一个人身上，除了精打细算地过日子，还要考虑如何让钱保值增值。

通过广泛的学习、咨询与分析，刘女士全面了解了基金产品，树立了正确的投资理念，更重要的是她还学会了如何评估基金绩效。刘女士说："买基金产品要看产品比较长期的业绩。1年业绩仅可作为参考，3年可能是一个比较好的标准，5年下来都很好的产品，如果近期没有发生基金经理变更之类的事件，那就可以重点考虑。"现在，刘女士的基金投资产生了稳定的收益，为这个家撑起了一把安全伞。

一、基金长期绩效和短期绩效

时间是试金石，基金只有经过长时间的考验后，才能知道其是否真的能为投资者带来可预期、可解释的收益。长期的评价期限一般至少是近3年，但有的投资者会抱怨，自己买了一只近3年净值翻番的基金，为何最近亏得一塌糊涂？这是因为，虽然要考察近3年的业绩，但是所谓的"近3年收益率"等指标存在一定的"陷阱"。这些指标可能只是 3 年里某一年甚至某几个月剧烈上涨的结果，并不能反映过去 3 年的稳定增值，更不能预估未来的增长。因此，评估基金历史业绩表现时，建议将长、短周期绩效结合来看，如用近 3 年中各年、各月的业绩指标综合评估其投资绩效及策略的市场适应性。还有一个导致虽然长期业绩优异但是买入后大幅亏损的因素，那就是在投资前没有注意近期基金经理变更所带来的投资策略的变化。近 3 年中各年均涨幅不小，就一定能买入？答案是不尽然，因为前任基金经理创造的业绩与现任基金经理无关。

长期和短期是相对的概念。3 年的窗口不一定是长期。倘若你站在 2021 年底回顾过去 3 年，市场中所有新能源主题基金每年都上涨，甚至大部分月份收益明显，是不是就代表应该买入呢？真相是，倘若买入，将在未来数年亏损惨重，这是因为长期并不是一个确定的数字，之前提到的 3 年只是一个经验值，很明显的是在这个具体案例里 3 年不够长，特别是对于一些行业主题型基金来说。因此，在基金投资策略不发生变化的情况下，应拉长期限分析，分析其在市场上行、市场下行阶段的走势，捕捉长期运作过程中更多的信息。

长期业绩更能揭示基金经理和基金公司的投研能力，短期业绩更能反映基金当前时点的持仓风格与偏好。例如，某医药主题基金在短期医药板块下跌行情中得了正收益，进一步研究发现短期医药板块中仅有中药细分板块出现了上涨。在这种情况下，可以通过短期业绩推测该基金极大概率在中药细分板块进行了超配，若投资者继续看好中药板块的前景，就可以考虑投资该基金。但存在的一个问题是：关注短期业绩依赖投资者有较强的市场敏感度，且需投入较多精力关注市场每日行情。对于大部分投资者而言，更适合观察基金的长期业绩。

二、基金评级与排名

基金评级与排名是能直观反映基金历史业绩和同类竞争力的指标。目前基金数量已达上万只，对众多基金进行评级与排名是一项宏大的工程，不建议个人投资者尝试，不仅费时，还不一定准确。兼顾基金评级与排名的重要性与专业性，专业的金融机构有了用武之地，也为基金投资者提供了便利。通过考虑易得性和专业性，一般采用具有评价资质且市场认同度较高的基金评级排名机构发布的数据，如晨星、银河证券和海通证券等。

前文已强调了关注长期业绩的重要性，所以看排名时应拉长时间期限，并将收益排名细分到各年度。另外，对于同类排名，所限定的"类"越细致，传递的信息越明确。例如，某消费主题基金在股票型基金中排名靠前，但无法判断是消费整体行情上涨导致的排名靠前，还是该基金经理管理能力优异导致的排名靠前，但若将排名范围缩小至消费主题股票型基金池，此时该基金排名仍然靠前，那么评价其在消费行业领域里的业绩优异就更有说服力。

任何分类都有局限性，同类间不一定完全可比。例如，某二级债基，8成债券仓位买了可转债，风险收益特征和其他二级债基完全不同；主投美股的 QDII 基金和主投港股的 QDII 基金差异非常大，可比性很低，但经常放在同一个分类里进行排名。因此，虽然排名可以参考，但还需辅以其他多方面的研究。

三、基金绩效评估

（一）绝对收益与相对收益

绝对收益和相对收益是两类最常见的收益指标，各有价值。绝对收益是用每日净值计算出的基金收益率，最贴近投资者的利益。大部分投资者追求的不是在市场大跌时能比别人少亏多少，而是在持有期内赚了多少。相对收益（也叫超额收益）更能反映基金经理的主动收益获取能力，难以苛求一位基金经理在市场急剧下行阶段还能维持正收益，但如果他能比业绩基准少跌很多，也是其能力的体现。

在评估基金的绩效时，具体要根据基金发行时的定位来决定计算其收益时是采用绝对收益还是采用相对收益。一般而言，债券型基金包括短期纯债基金、中长期纯债基金、混合一级债券基金、混合二级债基和债券指数型基金等，其定位以追求绝对收益为主。股票型基金包括普通股票型基金、偏股混合型基金和指数增强型基金，无论是行业主题类还是全市场均衡配置类，其定位基本是以追求相对收益为主，通过短期良好相对收益业绩的累计达到长期绝对收益的目标。换言之，若投资者想通过投资股票型基金获得绝对收益目标，则选择绩优基金并长期持有是实现这一目标的有效方式。

（二）用单位净值评价基金绩效合理吗

总有人说，单位净值高的基金不能买，只能买单位净值低的基金。那么，这句话对吗？

基金的绩效评估是成体系、全方位的，不可通过某一单一指标判断其业绩好坏，用单位净值判断更是漏洞百出。

用单位净值看能不能买，初衷肯定是看过去的收益，这其中存在两个问题：

1）单位净值并不能完成反映收益。基金成立时的单位净值为1，此后会随着基金业绩上涨或下跌。影响单位净值变动的不只有收益，还有分红。基金分红是基金管理人帮助基金持有人将收益变现，将导致基金单位净值降低，所以会出现当前某基金单位净值为0.8元，但从成立以来总收益为正的情况；

要想用单位净值衡量收益，只能选用复权单位净值，每次基金分红不会造成复权单位净值的变化。

2）基金过去亏损严重导致其单位净值较低，未来并不一定会因为均值回归而上涨。均值回归理论对于市场整体来说适应性较强，但是对于充分依赖基金经理主观能动性的基金来说有效性较差。基金净值之所以较低，除了受市场影响，还有可能是因为基金经理管理能力不足。这种管理能力也能"均值回归"吗？显然不能。因此，用单位净值衡量基金绩效是不合理的。

（三）综合风险和收益的业绩评价指标

众所周知，风险和收益并存，市场上基本不存在收益靠前而风险很小的基金产品，但存在一类可以综合考虑风险收益性价比的业绩评价指标，如夏普比率和卡玛比率。

夏普比率简单来说就是收益风险比，表示每承受1单位风险预期可以拿到多少超额收益。例如，夏普比率是2，则表示投资者每承担1分风险，预计会获得2分投资回报。夏普比率的核心思想是：收益率相近的两只基金，风险越小越好；风险水平相近的基金，收益越大越好。

从概念上来说，夏普比率越高越好。但很多工具并不是一劳永逸的，在使用夏普比率时要注意以下三点：

1）夏普比率只有在比较同类型的基金产品时才适用。因为夏普比率考虑的两个主要因素是预期收益和风险。如果对债券型基金和股票型基金进行比较，即便债券型基金的夏普比率高，可能也只是因为它的风险比较低，并不代表债券型基金比股票型基金好，这样比是没有意义的。

2）虽然基金产品在某段时期内带来了较大的超额回报，但夏普比率变小了，这也不难理解。夏普比率计算的是收益风险比，它的分母是收益率标准差，即衡量收益率偏离均值的程度，短时间带来较大超额回报的正偏离也是偏离。卡玛比率和索提诺比率是针对该点对夏普比率的改造。衡量风险的指标不只波动率，最大回撤也很常见，将夏普比率计算公式的分母变为最大回撤即是卡玛比率的计算方法。更直接的方法是，在使用波动率衡量风险时，剥离上涨部分带来的波动，仅计算负收益的波动，这就是提出索提诺比率的初衷。虽然如此，夏普比率仍然是当前最为普遍的风险收益指标。

3）夏普比率为负值是没有意义的，也不能拿来做比较。夏普比率为负，说明超额收益为负，即基金的收益率没有跑赢无风险收益率，要避免选择这种情况下的基金。另外，如果把负值的夏普比率拿来比较，按照夏普比率越高越好来评判会得出相反的结论。例如，基金 A、B 的超额均是 - 2%，两只基金的波动率分别是 1% 和 2%，那么夏普比率分别是 - 2 和 - 1，那是不是意味着基金 B 比基金 A 好呢？很显然不是。

本章小贴士

1. 必须经过长时间的考验，才能知道一只基金能否为投资者带来可预期的、可解释的收益。

2. 评估基金的历史业绩表现，应将长、短周期绩效相结合，并排除其中存在的"基金经理变更"这样的偶然因素。

3. 在基金投资策略不变的情况下，应拉长期限分析，关注其市场上行、市场下行阶段的走势，捕捉长期运作过程中更多的信息。

4. 普通投资者更适合观察基金的长期业绩，因为关注短期业绩需要较强的市场敏感度，且需投入更多精力关注市场每日行情。

5. 基金评级与排名是能直观反映基金历史业绩和同类竞争力的指标，应采用具有评价资质且市场认同度较高的基金评级排名机构发布的数据。

附　录

基金百词斩

1. 基金

基金一般指具有特定目的和用途的资金，人们常说的基金一般指证券投资基金。

2. 公募基金

公募基金一般指面向社会不特定投资者公开发行的基金，受到监管部门和相关法律法规的严格监管。截至 2023 年 9 月末，我国共有公募基金管理人 157 家，管理基金规模 27.48 万亿元。公募基金起购门槛很低，一般在 10 元，透明度更高，信息披露要求严格，更适合广大普通投资者。

3. 私募基金

私募基金指以非公开方式向特定投资者募集资金并以特定目标为投资对象的证券投资基金。相比于公募基金，私募基金的投资门槛更高，一般在 100 万元以上，信息披露要求较低，保密性强，投资限制较少，主要由合同约定。投资者需要满足合格投资者认定才能购买私募基金。

4. 业绩基准

业绩基准也叫业绩比较基准，是给该基金定义的一个业绩对标的基准组合，可以简单理解为基金的"及格线"，通过比较基金收益率和业绩比较基准的收益率，可以对基金的表现加以衡量。评价优秀基金的其中一个标准就是长期跑赢业绩基准。

5. 回撤

回撤指一只股票或一只基金在一段时间内价格从高点向后推移到低点的跌幅，是衡量历史风险的指标之一。

6. 基金净值

基金净值一般指基金总净资产除以基金总份额，也就是每一份基金份额的价值。基金净值包括单位净值、累计净值、复权单位净值。

7. 基金份额

简单理解，基金份额指基金数量，基金数量并不等于基金规模金额。基金份额 =（买入资金 − 手续费用）/ 买入时确认净值。例如，购买 100 元基金，手续费是 1 元，确认净值为 2 元，那么买到的基金份额就是 49.5 份，而买到的基金金额是 99 元。

8. T 日

T 日一般指交易日，周末和节假日不属于 T 日（交易日），T 日以股市收市时间为界，交易日 15：00 之前提交的交易按照当天收市后公布的净值成交，15：00 之后提交的交易将按照下一个交易日的净值成交。

9. 认购

认购指在新基金发行募集期间，投资者申请购买基金份额的行为。

10. 申购

申购指在基金成立后的存续期间，处于申购开放状态期内，投资者申请购买基金份额的行为。

11. 赎回

赎回指卖出自己持有的基金份额回收现金。基金的赎回采取"未知价"原则，也就是以赎回申请当日收市后的基金净值计算卖出价格。

12. 转换

转换是把自己当前持有的基金份额的全部或部分转换为另一只基金，在操作上不需要先赎回再申购。

13. 风险等级

基金的风险等级是综合参考基金类型、运作方式、投资方向和范围等因素评估基金风险水平而设置的风险梯度变化。一般按照风险由低到高可以依次分为 5 个等级：低风险（R1）、中低风险（R2）、中风险（R3）、中高风险（R4）、高风险（R5）。

14. 风险偏好

风险偏好是主动追求风险，喜欢收益的波动性胜于收益的稳定性的态度。风险偏好高，代表能接受并承受的风险高。

15. 转型

转型指因合规要求、管理团队策略转变等其他合理原因，基金由一种类型转换为其他类型，比如从一只股票型基金转为债券型基金等。

16. 清盘

清盘指基金停止运作，全部资产变现，将所得资金分配给基金持有人。一般情况下，运作期满清盘、触发式清盘、表决清盘等原因会导致基金清盘。

17. 迷你基金

迷你基金通常是规模持续比较低的基金，比如长期低于 5,000 万元。这类基金往往会面临清盘风险。

18. 股票型基金

股票型基金指 80% 以上资金投资于股票的基金，也就是说股票型基金主要是用来投资股票的。可以把股票型基金理解为一揽子股票，由专业的基金管理团队为投资者筛选股票。

19. 债券型基金

债券型基金指 80% 以上资金投资于债券的基金，主要包括纯债基金、混合型一级债基、混合型二级债基、可转债基金等。

20. 指数型基金

指数型基金一般指以特定指数为标的指数，并以该指数的成分股为投资对象，通过复制或部分复制指数成分股构建投资组合的基金。指数型基金一般分为被动指数型基金和增强指数型基金，两者在跟踪复制标的指数的限制上略有不同。

21. 混合型基金

混合型基金指同时投资股票、债券和货币市场等多种工具的基金，主要分为偏股混合型基金、偏债混合型基金、灵活配置混合型基金和平衡混合型基金等。

22. 纯债型基金

纯债型基金一般指仅投资债券市场的债券型基金，不直接参与二级市场的股票投资，也不参与新股申购。

23. "固收+"

"固收+"一般指以债券等固定收益类资产打底，再叠加股票投资、新股申购、可转债等方式以求增强回报的产品投资策略。目前市场上常见的"固收+"产品有权益投资比例在 $10\% \sim 30\%$ 的偏股混合型基金，权益投资比例在 $0 \sim 20\%$ 的二级债基等。

24. 货币型基金

货币型基金指主要投资货币市场工具的基金，属于风险等级最低的产品。与其他基金按照净值计价不一样，货币型基金的净值始终为 1。货币型基金是一种具有高安全性、高流动性及稳定收益性等特征的产品，虽然概率很低，但并不能保证本金的绝对安全。

25. 量化基金

量化基金一般指采用数学、统计学等量化投资方法进行投资的产品。这类产品通常产品名称中含有"量化"等字样。一般可将指数型基金看作量化基金的一种。

26. QDII 基金

QDII 基金是在我国境内设立，经批准可以投资境外股票、债券等证券的基金。也就是说，QDII 基金就是投资境外的基金。

27. ETF 基金

ETF 基金一般指交易型开放式指数基金，是一种可以在交易所上市交易的基金。与一般直接用资金购买的基金不同，ETF 基金的申购赎回必须用一揽子股票换取基金份额或者用基金份额换回一揽子股票。多数 ETF 基金是被动跟踪复制某一特定指数的基金。

28. LOF 基金

LOF 基金一般指上市型开放式基金，也是一种可以在交易所上市交易的基金。LOF 基金通常既有场内份额（上市交易），也有场外份额（各基金销售平台交易），两者之间通常会存在价格不一致的情况。

29. QFII 基金

QFII 一般指合格境外机构投资者。QFII 基金是指外国专业投资机构到我国境内投资的资格认定制度。

30. REITs 基金

REITs 基金是基础设施领域不动产投资信托基金的简称，属于封闭式基金，要求将 80% 以上的基金财产投资于基础设施项目，通常封闭时间比较长，一般在 20 年以上。

31. FOF 基金

FOF（Fund of Funds）是一种主要投资于基金的基金，所以也叫"基金中基金"。一般投资于基金的比例不低于基金资产的 80%，也可以直接投资于股票、债券等资产，但是不能超过前面的限制要求。可以简单理解为一揽子基金。

32. MOM 基金

MOM（Manager of Managers），即管理人中的管理人基金。管理人将资产分配到各资产单元，委托两个或两个以上符合条件的第三方资产管理机构作为投资顾问对各资产单元提供投资建议。

33. IPO

IPO（Initial Public Offering）一般指股票首次公开发行，可以简单理解为新股上市。基金 IPO 则指新基金发行募集，募集结束后才开始投资运作。

34. 一级市场

一级市场一般指股票的发行市场，IPO 发行市场就是一级市场。

35. 二级市场

二级市场一般指股票上市以后的交易、流通、转让市场。

36. 场内

"场"指二级交易市场或者股票交易市场。场内交易指在股票交易市场中交易，比如场内基金就是在股票交易市场中才能交易的基金，如 LOF 基金、ETF 基金等。

37. 场外

"场"指二级交易市场或者股票交易市场。场外交易指在股票交易所之外交易，一般的公募基金大多属于场外基金，可以在基金公司、银行、券商、电商等平台交易买卖。

38. 打新

打新一般指参与新股申购，中签后获得新股购买资格。参与打新的门槛相对比较高，个人投资者的中签率也相对较低。

39. 定增

定增也就是定向增发。指已上市的公司向符合条件的少数特定投资者非公开发行股份的行为。

40. 大盘

大盘一般指上证综合指数，又称为"沪指"，也指流通市值规模比较大的股票板块。通常上证综指、深证成指、沪深300都被认为是大盘指数代表。

41. 小盘

小盘一般指流通市值在A股平均流通市值以下的股票。一般认为中证1000指数是小盘指数代表。

42. 中小盘

中小盘指流通市值规模介于大盘和小盘之间的股票。一般认为中证500指数是中小盘指数代表。

43. 无风险收益

无风险收益指把钱投资在一个没有任何风险的投资标的所能获得的收益率。通常认为国债收益、存款收益及货币基金收益是无风险收益。

44. 绝对收益

简单理解绝对收益就是一段时间内基金或者股票的实际回报率。

45. 相对收益

相对收益指绝对收益与某些基准收益之间的差。它通常被用来刻画人们承担额外风险所获得的额外回报。

46. 万份收益

万份收益通常指货币基金的收益计算方法，也就是每万份基金份额的每天收益。比如持有某基金1万份（即1万元），当天万份收益为0.6，那么当天获得的收益就是0.6元。

47. 年化回报

年化回报指年化收益率，是把当前收益率（日收益率、周收益率、月收益率）换算成年收益率来计算，只是一种理论收益率，并不是真正已取得的收益率。

48. 超额回报

基金的超额回报一般指基金的业绩回报相对于业绩比较基准跑赢的部分。比如某只基金过去一年的净值增长率是 30%，对标的业绩基准增长率是 20%，那么这只基金的超额回报是 30% − 20% = 10%。

49. 浮亏

浮亏指账面上看到的亏损。比如持有的基金今天收市后计算亏损 10%，同时没有选择卖出，那么 10% 的亏损就是浮亏。

50. 浮盈

浮盈指账面上看到的盈利。比如持有的基金今天收市后计算盈利 10%，同时没有选择卖出，那么 10% 的盈利就是浮盈。

51. 追涨杀跌

追涨杀跌一般指在基金或者股票处于上涨阶段时买入，处于下跌阶段时卖出的投资行为。上涨时买入容易卖在高点，下跌时卖出则容易错过反弹。

52. 高抛低吸

高抛低吸指投资者在股票或基金在上涨一阶段后卖出获利部分，等到价格回调处于低位时再买进，有助于降低成本，增加利润空间。

53. 牛熊切换

牛熊切换指市场由牛市转为熊市或者熊市转为牛市的过渡阶段。牛市指未来股市行情看涨，熊市指未来股市行情看跌。

54. 多头

多头与空头相对，指买方。也就是看好某股票、基金等证券的未来走势，买入或者持有的一方。

55. 空头

空头与多头相对，指卖方。也就是看衰股票、基金等证券的未来走势，卖出或者不看好的一方。

56. 行业轮动

行业轮动通常是一种策略，指利用不同行业运行周期的错位进行投资。

57. 成长风格

成长风格指以投资成长股为主，更加关注企业未来增长的潜力。成长股就是那些处在成长期的上市公司的股票。

58. 价值风格

价值风格强调以低于内在价值的价格买入相对优质的公司，进行长期投资；狭义的价值风格一般指主要投资价值股，也就是已经进入成熟期的上市公司的股票。

59. 均衡风格

均衡风格指在成长和价值、大盘和中小盘、行业布局上都不存在明显偏向的风格。

60. 全市场选股

全市场选股指在全部市场范围内挑选股票，不拘泥于板块、行业、风格、指数的选股策略。

61. 宽基指数

宽基指数指没有行业区分的多只股票组合而成的指数，反映这些股票综合的走势，覆盖各行各业，不限制特定行业的指数。

62. 风格指数

风格指数指反映市场上某种特定风格或投资特征的指数。

63. 主板

股票主板是以传统产业为主的股票交易市场，上交所和深交所都有自己的主板市场。

64. 创业板

创业板是深交所专属的板块，相较主板更看重企业的成长性，是一个为暂时无法在主板上市的企业提供股票融资的板块。

65. 科创板

科创板是上交所专属的板块，对科技创新企业具有更高的包容度。创业板和科创板是具备高成长性的中小企业和高科技属性企业的聚集地。

66. 新三板

新三板是全国中小企业股份转让系统，为那些还未上市的中小微企业提供股权交易的场所，准入门槛相对低，企业质量参差不齐。同时，新三板设立精选层、创新层和基础层，将符合不同条件的挂牌公司分别纳入不同的市场层级管理。2021 年建立的北京证券交易所便是新三板精选层的交易场所。

67. 注册制

注册制指企业申请发行股票时，必须依法将公开的各种资料完全准确地向证券监管机构申报。相比于之前的核准制，注册制流程更简单，公司上市门槛更低。目前我国已逐渐落实注册制。

68. 做空

做空指如果认准某只股票未来会跌，那就找券商"借来"一定数量的股票，然后卖掉。等到股票下跌以后，从市场上买回同等数量的股票"还给"券商。中间的价差减去借股票的费用就是做空收益。

69. 仓位

仓位一般指实际投资额占实有投资资金的比例。如股票型基金的权益仓位通常为80%以上，即80%以上的基金资产用于投资股票。

70. 建仓

建仓指投资者买入股票或其他可交易的金融资产。这是进入市场交易的第一步，通过买入一定数量的投资品种，建立自己的仓位，为未来的交易做好准备。

71. 加仓

加仓一般指因看好某只股票或者基金继续追加买入的行为。

72. 减仓

减仓一般指卖掉一部分（并非全部）已经持有的股票，是在对后市行情不确定的时候采取落袋为安策略的行为。

73. 重仓

重仓一般指大部分资金投资的标的或方向。基金的重仓股通常是指基金重点投资的股票，比如在基金的季报中会定期披露基金的前十大重仓股，也就是资金占比最高的 10 只股票。

74. 分红

分红是把基金投资所取得收益的一部分返还给投资者的行为。

75. 定投

定投即定期定额投资，指投资者通过指定的基金销售机构提出申请，事先约定每期扣款日、扣款金额、扣款方式及所投资的基金名称，由该销售机构在约定的扣款日在投资者指定的银行账户内自动完成扣款及申购的一种基金投资方式。

76. 抄底

抄底一般指当股票价格跌到最低点尤其是短时间内大幅下跌时买入股票，以求迅速反弹的策略。但对于所谓"最低点"，几乎是无法事前判断的。

77. 止盈

止盈指当投资股票或者基金获得相应的利润时，为了回避市场回调风险，选择落袋为安、锁定收益的操作。

78. 止损

止损指当投资的股票或基金出现的亏损达到一定数额（比如设定好的目标）时，及时清仓，避免更大亏损的操作。

79. 系统性风险

系统性风险一般指不可避免的风险。系统性风险往往是由宏观经济等基本面因素的不确定性引起的，也把它叫作整体性风险，比如政策风险、利率风险、购买力风险和市场风险等。

80. 非系统性风险

非系统性风险指对某个行业或个别证券产生影响的风险，通常由某一特殊的因素引起，与整个证券市场的价格不存在系统的、全面的联系，而只对个别或少数证券的价格产生影响。

81. 流动性

广义的流动性一般指资产能够以合理的价格迅速且顺利变成现金的能力。狭义的流动性一般指银行间市场的资金面状况，流动性充足即资金充足。

82. 信用债

信用债指由政府之外的主体发行的、约定了确定的本息偿付现金流的债券。

83. 利率债

利率债主要指国债、地方政府债券、政策性金融债和央行票据，是一种由政府信用背书的债券。

84. 可转债

可转债即可转换债券，指债券持有人可以按照发行时约定的价格将债券转换成公司普通股票的债券（也可以选择不转）。可转债既具有债券性质，又具有股票性质。

85. 利率风险

利率风险指市场利率变动的不确定性造成损失的概率。一般来说，影响利率的因素主要包括宏观经济环境和货币政策等。

86. 信用风险

信用风险又称为违约风险，指交易对方不履行（没有能力或者没有意愿）到期债务的风险。

87. 久期

简单来说，久期就是债券持有者收回其全部本金和利息的平均时间。久期越长，风险相对越高。

88. 跟踪误差

跟踪误差一般指基金的收益率与对标指数或者业绩比较基准收益率之间的差别，反映的是基金管理的风险。跟踪复制指数的指数型基金对跟踪误差的要求往往会比较严格。

89. 港股通

港股通一般指内地投资者投资港股的通道。对应地，陆股通一般指香港投资者投资 A 股的通道。港股通分为沪港通和深港通。我国于 2014 年开通了沪港通，上交所投资者可以通过沪港通投资港股；于 2016 年开通了深港通，深交所投资者可以通过深港通投资港股。

90. 降准

降准指央行调低法定存款准备金率。法定存款准备金是商业银行存款准备总额的重要组成部分，准备金一般是不能动用的。降低存款准备金率，会扩大资金供给，有助于刺激经济。反之，升准则是提高法定存款准备金率。

91. 降息

降息一般指银行利率的下调。利率市场化改革以后，央行不再直接调整银行存贷款基准利率，而是通过公开市场操作、中期借贷便利（MLF）等利率工具调整市场利率。降息也会扩大资金供给，有助于刺激经济。与降息相对应的就是加息。

92. 北上资金

北上资金通常指通过陆港通（沪港通、深港通）进入沪市和深市的"香港"资金。由于香港作为离岸金融市场的特殊性，"香港"资金其实很大程度上指的是全球资金。

93. 南下资金

南下资金一般指内地的投资者通过沪港通、深港通买入香港联合交易所股票的资金。

94. 估值

基金估值是基金管理公司根据基金持有的证券，按照公允价格计算出的基金资产的价值，从而估算出基金单位净值。基金估值是计算基金单位净值的关键，也是投资者判断基金投资价值的重要参考。

95. 风格漂移

风格漂移是在某一特定的考察期间，基金的实际投资风格偏离基金合同等法律文件约定的投资风格的现象。

96. 基本面

基本面一般是对宏观经济、行业、公司等基本情况的分析，包括公司经营理念和战略分析、公司财务报表分析等。

97. 左侧交易

左侧交易也叫逆向交易，是在股价持续下跌、到达底部临界点之前交易，以期购买便宜的交易筹码。常见的表现之一是"越跌越买"。

98. 右侧交易

右侧交易也叫顺势交易，是在股价见底回升之后的追涨。常见的表现之一是"越涨越买"。

99. 阿尔法收益

基金中的阿法尔收益（Alpha 收益），通常指超越大盘走势，独立于市场，不可归因为市场收益的那部分收益。阿尔法收益是用来衡量基金经理主动管理能力的重要标准之一。

100. 贝塔收益

基金中的贝塔收益（Beta 收益），通常指一种相对被动的投资收益，也就是承担市场风险所带来的收益，也可以简单理解为市场或大盘指数的收益。

后　记

基民读后感精选

说明：为了调研本书是否满足读者需求，编者邀请合信岛（创金合信基金旗下投资知识平台）粉丝参加出版前试读，以下为读者试读的真实感受。

我平时手上有一些零用钱，在读这本书之前，投资理财对我来说就是把钱存进余额宝。读了这本书，我才真正入门基金投资。这本书从基金的基本概念、分类、运作流程等基金知识点讲起，让我对基金有了更加深入的了解，并掌握了如何选择适合自己的基金、如何评价和识别真正优秀的基金。虽然我投资的金额不多，但我也认真地配置了不同风险、不同行业的基金，相信经过不断的实践检验和总结优化，我的投资技能会越来越成熟，能够通过基金投资实现财富的累积和保值。如果你是和我一样的基金投资小白，也想通过基金投资实现自己的财富梦想，那么这本书将是你不可或缺的指南。

——大学生　茜茜

欢迎来到理财的世界。这本书将引领你开始投资理财的美好旅程，逐步掌握基金投资的技巧和策略。步入职场，小有积蓄，使我萌生了投资理财的想法，但在众多的类别和产品面前，我感到茫然和无从下手。通过阅读这本书，我了解到基金投资是一种非常适合普通老百姓的理财方式，并逐渐掌握了基金投资的基本操作和技巧，树立了自己的投资理念。我认为，这本书将成为基金投资入门的优秀读物。

——职场新人　小卓

我做全职妈妈 5 年了。为了兼顾家庭和财务，我做过很多尝试，比如微商、自媒体、开店等，但要真把这些事做好需投入的时间和精力不亚于职场，那样势必无法照顾好家庭，违背我退出职场的初衷。后来我开始尝试购买基金，借助专业的力量进行投资，这期间我看了不少书。相比于其他投资专业书籍的晦涩难懂，这本书的可读性非常强。这本书的作者都是基金公司的专业人士，他们通过网络收集了众多网友在基金投资中的困惑，并为他们提供解答。这样的沟通基础使得这本书的内容是专业的，语言是生动易懂的，知识点是击中投资痛点的，特别适合缺乏金融基础知识的普通投资者阅读。如果你也是一名全职妈妈，且对投资理财比较陌生，但是想了解一些关于基金投资的入门知识，那么这本书将非常适合你。

——全职妈妈　陈姐

我是一名资深自媒体人，平时比较注重自己的财富管理。我也是一名基龄 6 年的老基民，在基金投资上有一点经验和心得。在投资参考书的选择上，我比较关注实用性和体系性。这本书不仅介绍了基金投资的基本知识，还深入探讨了各类基金的投资技巧、基金组合构建、基金定投等方面的内容，非常实用。作者通过简洁明了的文字和生动的案例，将复杂的投资知识变得简单易懂，让读者更容易掌握。通过阅读这本书，你会了解基金选择、市场动态把握和风险控制等方面的技巧和策略。这些内容对于有一定投资经验的自由职业者来说，同样具有很高的参考价值。

——自媒体人　老简

多年来，我通过基金投资达到了财富增值的目的。在投资帮手的选择上，一方面我借助专业机构的力量，另一方面我学习专业人士的投资之道。这本书非常适合有经验的投资者精进，书中对各类基金的投资逻辑和技巧介绍得翔实而透彻，适合有经验的投资者结合自己过往的投资经验做复盘，能对投资技能起到非常大的提升作用。同时，如何挑选适合自己的基金、如何把握市场动态和风险控制等方面的技巧和策略，这些内容也非常重要，有助于投资者更好地把握基金投资机遇，实现财富增长。

——职业经理人　李先生

对于财富积累者来说，基金投资是一种相对省心省力的理财方式，但是如何选择优质的基金、如何进行资产配置等也是需要学习和掌握的。这本书不仅介绍了基金投资的基本知识，还深入剖析了基金投资的策略和技巧，让你在财富积累的道路上更加稳健。如果你已经小有积蓄，那么这本书将是非常实用的理财指南。这本书将教你如何评估自己的财务状况、如何选择适合自己的基金、如何进行资产配置等，让你的积蓄得到更好的利用和实现增值。

——资深基民　张先生